大人の心理テスト

心の奥底に潜む本当の自分と真実が浮かび上がる！

齊藤 勇・監修
立正大学名誉教授 心理学者

日本文芸社

はじめに

本書は大人のための大人の心理テストです。

社会人として働いている現役のサラリーマン、ＯＬの方を中心に、休職中の方、第二の人生を歩んでいる方まで、身近な日常生活に役立つヒントが隠された51本の深層心理テストを用意しました。

これらのテストは、簡単でわかりやすいアプローチから、皆さんの心の中に在る意外な精神面、深遠な心理が明らかになるよう、専門的知見を駆使して作成してあります。

ぜひ気軽に、気になる設問、ページから始めてみてください。

インターネットの普及とともに、ＳＮＳを通して、私たちの生活は好むと好まざるとに関わらず、容易に他者、見知らぬ人々ともつながるようになりました。

そこには希望があり、もちろん喜びもありますが、ネット利用のリテラシーの歴史はまだまだ浅い故、さまざまな問題が発生しているのも事実です。

本書はそうした背景を踏まえて、直近の、卑近な関心事も含め、皆さんがテストに入りやすく、関心を持ちやすいように、テストの切り口を工夫しました。

全体は「自己分析編」「性的欲求・恋愛編」「将来・未来編」「能力開発編」と、4つのパート（4章）に分かれていますが、どこから始めても結構です。皆さんが今、切実に思っていること、関心がある設問、テストから試みにチャレンジしてみてください。

混迷する現代の中にあって、少しでも一縷の望みにつながるようなヒントとなれば、これ以上の喜びはありません。

齊藤　勇

もくじ

Part 4 あなたの潜在能力がわかる 能力開発編

Part **1**

リアルな自分がわかる

自己分析編

Test 01

非日常性のできごと

雨上がりの朝、オフィスに到着したあなたは、机の窓側にゲジゲジ(便所虫)がいるのを発見します。

さて、どうします?

1

みんなの前で大きな声で
虫がいることを伝える

2

洗面所にある殺虫剤を
持ってきて、かける

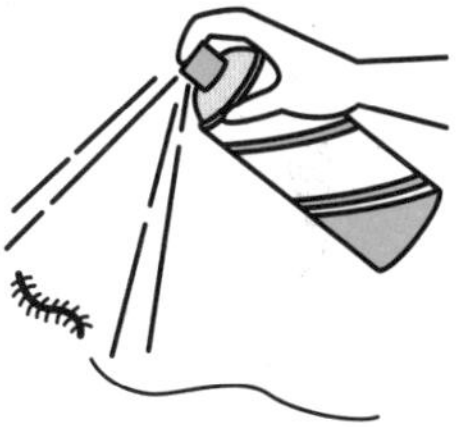

3

ティッシュでつまんで
ゴミ箱に捨てる

4

知らんぷりをする

診断 Test 01

このテストでは、

あなたがどのくらい「**協調性**があるか」わかります。

便所虫という異物の出現に対して、最初に発見したあなたがとる行動には、周囲とどんな関係性を持つか、とっさの行動の中にあなたの本性があぶり出されます。

1 を選んだあなたは

あなたは人並みに協調性はありますが、同調圧力をかけるタイプで、人を巻き込むのが大好きです。些細なことでも、周囲を巻き込んで大騒ぎする。特に自分の関心のあること、腹が立つこと、我慢できないことに関しては、こだわって執着します。誰かをイジめる時も、周囲の人間を巻き込んで、一緒になってイジめる陰湿さが見られます。

2 を選んだあなたは

周囲との協調性よりも、嫌いなものは嫌いと、自分の趣向を押し通すタイプ。まわりとできるだけうまくやっていこうという気はありますが、自分が嫌いなもの、受け入れられないものに対しては、断固とした態度で接します。そして自分の力で問題を解決しようとし、他人に頼りません。周囲の協力を仰ごうとはしない、一匹オオカミタイプ。

3 を選んだあなたは

あなたは非常に協調性に富んでいます。人に合わせることがうまく、適応能力が高い。そのため問題が起きた場合も冷静沈着、周囲の気持ちもくんで、解決しようという意識が高いです。その意味で生活の場でも、職場でもリーダー的な存在になれる人です。一時的な感情に走らず、周囲の思い、感情をくんで動ける人。

4 を選んだあなたは

あなたは日和見《ひよりみ》主義的であり、事なかれ主義的でもあります。事を荒立てることを好まず、自分のいる環境に何か問題が起きても、知らないふり、気付かないふりをして様子見をする。周囲もそういうあなたに次第に気づいてきますが、わが道を行くタイプなので、周りを気にせず手堅い人生を歩めるかも……。

Test 02

夜の訪問者

夜。雨がふっています。
仕事から帰ってきたあなたは、一人、
部屋でくつろいでいましたが、
「ピンポーン」と鳴って誰かが来た様子。
誰だろう？　宅配便か、セールスか。
あなたがとる行動は次のどれ？

1

とにかく「はい」と返事をしてドアを開けてみる

2

「はい？」と大きな声を出し、威嚇して
ドアを開ける前に相手が誰か確かめる

3

様子をうかがい、
もう一度ピンポーンと鳴ったならば出てみる

4

声をひそめて静かにし、居留守をつかう

診断 Test 02

このテストでは、

あなたの「第一印象」がわかります。

初対面で人と会った時、相手はあなたに対してどんな印象を持つでしょうか。**不意の来客（アクシデント）**に対するあなたの態度、とる行動で、相手に与える第一印象が浮かび上がります。

1 を選んだあなたは

あなたの相手に与える第一印象は、とてもいいです。好印象を与えます。人がいいので、周囲の意見に流されがちな面もあります。が、その時その場で適切な行動をとれる性質、性格のため、初対面から相手に好かれるでしょう。縁の下の力持ちタイプではなく、接客する立場、表に出るような立場のほうがあなたの長所が活かされます。

2 を選んだあなたは

あなたは本質的にはアグレッシブ。人と争っても自分の利害、立場は守ろうとするタイプです。そのため丁寧な言葉で話し、愛想笑いをしていても、言葉に勢い、笑顔に余分な力がこもっていて、それが相手を警戒させます。初対面の相手に与える第一印象は、かたい感じ。よく付き合ってみなければわからないタイプと、相手に思われます。

3 を選んだあなたは

ズバリあなたの第一印象は、用心深い人、石橋をたたいて渡るタイプという印象を与えます。いいように解釈すれば「慎重な人」と思われますが、悪くとられると、「警戒心の強い疑い深い人」と思われるかもしれません。どちらにしろ、初対面の人に与える第一印象としては問題ありません。無難な、ステレオタイプな印象を与えます。

4 を選んだあなたは

あなたの相手に与える第一印象は「臆病な人、地味な人」。一人でいる時間を好み、他人と何かをするよりも、自分だけで事を進められる物事に関心が強いです。しかしこういうタイプの人は、悩みを抱えた人からは信用され、悩みを打ち明けられたりする傾向があります。相手に安心感を与えるからです。「秘密を守る人」という第一印象があるからです。

Test 03

飲み会開催のその前に……

会社の業績がアップ。
急遽、夜、お祝いの飲み会を開催することになりました。
幹事となったあなたは、みんなから参加費を徴収。
さて、それを入れた封筒は、どこに置きますか?

1

経理が管理している
簡易金庫の中

2

自分の机の引き出しの中

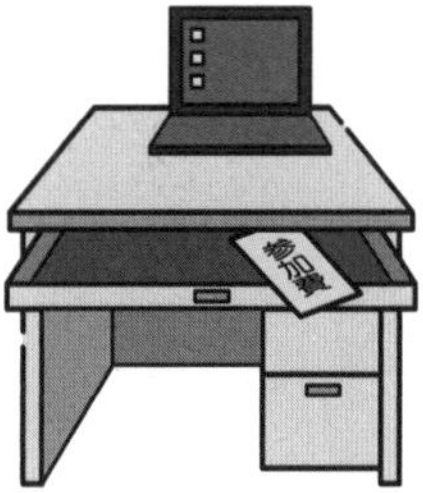

3

自分の机の上の、
目立つところ

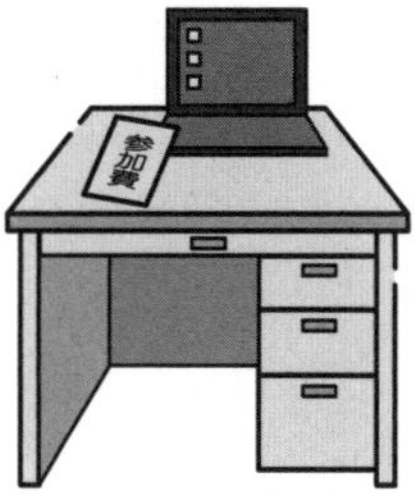

4

文房具の入った戸棚の中

診断

Test 03

このテストでは、

あなたは他人から「信用される人間かどうか」がわかります。

みんなから集めたお金は「みんなの関心事」。それを「あなたという個人」がどう扱うかを、みんなは注視しています。

1

を選んだあなたは

経理を巻き込んで、お金を金庫に入れたあなたは、組織の上層部からは信用されます。しかし、非常にシビアな面があるため、他人からはあまり信用されず同僚からは警戒されます。他者はあなたに打ち解けて相談事をすることはないでしょう。

2 を選んだあなたは

あなたはみんなのまとめ役として信用されるタイプです。自分の机の引き出しは「あなたの管轄する内部」。そこにお金をしまったあなたは、責任感ある頼もしい人として見られています。リーダーとしてふさわしい資質が見られます。

3 を選んだあなたは

みんなのお金を「みんなの見える」自分の机の上、目立つ所に置いたあなたは、周囲からは「楽天的」「開放的」「友好的」な人間として見られています。何か困ったことがあれば相談できる人、秘密を守れる人と思われています。他人からの信用度は満点の人で、みんなから好かれる人です。

4 を選んだあなたは

文房具の入った戸棚は、総務が管理する場所。あなたは総務を巻きこんでお金を保管しました。これは「紛失しても自分の責任ではない」という意思表示でもあります。こういう態度は、他者からは「事務的」「実利的」「利己的」と思われがち。あなたは自分で思っているほど信用される人間ではありません。周囲は冷静にあなたを見て、距離を置いて付き合うでしょう。

Test 04

時計を買う

お金に余裕ができたあなた。
時計を買うことにしました。
さて、次のどの時計がほしいですか？

1

防水で、気圧の変化にも対応した、
計測器がいろいろついた時計

2

ブランド物で少し値が張るが、
予算内で買える時計

3

宝石のついた高価な時計
（カード払い）

4

予算オーバーだが、
有名ブランドで人気のある時計

5

とにかく見やすい、シンプルで
時間がはっきりわかる時計

診断

Test 04

このテストでは、

あなたの「今、現在」がわかります。

時計は「現状の変更」「出直し」「やり直し」「心機一転」という暗喩《あんゆ》があります。あなたが時計に何を求めているかで、「あなたの今」が明らかになります。

1

を選んだあなたは

あなたは今とても戦闘的、好戦的になっています。戦う姿勢が前面に出ている。勝負どころに直面しているあなた。背水の陣で頑張れるかどうか。勝負は五分五分。緊張する時間がしばらく続くでしょう。

2を選んだあなたは

保守的、平穏無事に今を過ごしたいと思っているあなたは、より一層の「安定」「安寧」「心の安らぎ」を求めています。「ブランド」の「時計」を「買う」という行為は、あなたにとっては一種の冒険。ただし、このショッピングが吉と出るかどうか……。

3を選んだあなたは

きらびやかなところに心の拠り所を求めているのが、「現在のあなた」。経済的、健康面で問題を抱えている場合は、危険。何か安定した行動をすべき時かもしれません。収入が安定しているか、健康が維持されていれば、あなたのこれからはそれほど心配する必要はありません。

4を選んだあなたは

あなたは時計に価値や換金性を求めています。今のあなたは実利的で非常に現実的。夢やロマンよりも、確実に儲かる仕事、投資に心を奪われています。意識の高さは人よりも優れているので、場数を踏めば成功するでしょう。

5を選んだあなたは

今のあなたはきわめて現実的です。裏を返せば夢がありません。ロマンもない。このままだと現状維持か、干からびた人生を続けてしまいそうです。もっと大胆に、もっと人が驚くようなことに挑戦したほうが、現状は変えられるのではないでしょうか。

Test 05

あなたの机（デスク）を拝見

あなたのデスクの状態について質問します。
あなたの家の机、もしくはオフィスのデスクは、
次のどういう状態にあてはまりますか？

1

パソコンが常時ある。
他のものはわずか

2

物置き場と化している

3

特に自分の机はない

4

机の上に置きっぱなしの
ものはほとんどない
常時片づけている

診断 Test 05

このテストでは、

あなたが「場の空気が読める人かどうか」がわかります。あなたが「**KY（空気が読めない）**かどうか」判明します。

1
を選んだあなたは

あなたは空気を読める人。しかし必要最小限の空気を読んで、事を進めようとする傾向があります。少々、疲れ気味なのかもしれません。空気は読めても、あまり他人の事情に配慮しない、あるいはできない（神経が行き届かない）人になっています。

2

を選んだあなたは

空気を読み過ぎて疲れ切ってしまうあなたは、神経がやや過敏ぎみ。自分のことより人への気配り、目配りで、結構疲れる毎日を過ごしているのでしょう。一度、机の上を整理整頓してリセット。心を落ち着かせることが必要です。

3

を選んだあなたは

あなたはずばり、この四択の中で最もKY、空気の読めないタイプです。机はあったほうがいいが、なくても構わない。ないなら、ないなりにすまして、それでもしょうがないと思えるあなたは唯我独尊。わが道を行くタイプ。あなたの心身の健康にはそれが一番です。

4

を選んだあなたは

あなたはKYにもなれるし、空気を読むこともできる。その時々で極端に振れるタイプです。人は人、自分は自分。問題、トラブルに巻き込まれるのが嫌なので、いつも身辺はきちんと整理している。人からは「隙のない人」と思われています。

Test 06

写真を撮る時の態度は？

友人同士で写真を撮る時、
あなたがよくやるのは次のどれでしょう？

1

ピースサイン

2

わざと怖い顔をしたり、
面白い顔をする

3

カメラ目線が苦手なので、
顔がどうしても緊張する

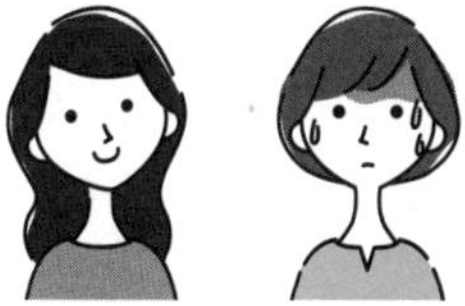

4

隣の友達をいじる

5

意識して
真面目な顔つきにする

診断 Test 06

このテストでは、

あなたが、「SNSでイタズラや悪ふざけをするタイプの人間かどうか」がわかります。**問題を起こす可能性**が潜在的にあるかどうか判明します。

1を選んだあなたは

ピースサインは最も平凡なポーズ。あなたは悪ふざけが嫌いで、イタズラもあえてしたくはありません。問題な映像をツイッターなどにアップするような面倒はまず起こしません。

2 を選んだあなたは

あなたは悪ふざけが大好き。写真という「公共性」のあるものでふざけるのをよしとする。問題な映像をアップする可能性を潜在的に持ち合わせています。認めてもらいたいという欲求が強い人だといえるでしょう。注目されるのが好きなのです。

3 を選んだあなたは

写真撮影という「公共性」を十分に自覚しているあなたは、悪ふざけ、イタズラとは縁遠い人間。真面目なので、メールや画像の公開には常日頃からとても慎重。問題を起こす可能性はゼロに近いです。

4 を選んだあなたは

自分が注目を浴びるのは嫌ですが、友達、他人が注目を浴びるのはいい。そういう考えのあなたは、悪ふざけする友達を撮影し、画像をアップする問題人間になりそうな可能性を秘めています。問題を起こす本人にはなりませんが、共犯者になりそう。

5 を選んだあなたは

防衛本能が強いあなたは、自ら問題を起こすようなことはしませんが、絶対見つからないならば、問題画像をアップすることもあるでしょう。隠れて悪ふざけをするタイプ。知能犯で、要警戒人物的な面も隠し持っています。

Test 07

あてはまるものを選ぶ

次の中から、あなたにあてはまるものを一つ選んでみてください。

1

部屋の模様替え、引越しをするのが好き

2

髪を染めるのが好き

3

人に言えない隠しごとがある

4

趣味を10年以上続けることが多い

診断 Test 07

このテストでは、

あなたのケータイやスマホの使い方と「**リスク管理能力**のあるなし」が判明します。

1

を選んだあなたは

部屋の模様替え、引っ越しはいろいろと面倒な作業がつきまといます。それでも好きというあなたは、良く言えば「変化を好む」悪く言えば「飽きっぽい」性向があると分析できます。ケータイやスマホで各種アプリにログインする際のパスワードを頻繁に変える人です。そのため結果的にリスク管理は上手になる。パスワードを頻繁に変えることに抵抗がないのは、知的作業能力、記憶力も優れている証拠です。

2を選んだあなたは

髪の毛を染めるのが好きな人は、平凡な日々、何の変哲もない日常生活に飽き飽きしている人です。そんなあなたには「ちょっと化けたい」「ちょっと変身したい」願望があり、変化を常に求めています。スマホのロック機能のパスワードなどを頻繁に変えるタイプなので、リスク管理は申し分ありません。同じリズムの生活を嫌います。

3を選んだあなたは

人に言えない隠しごとのある人は、しょっちゅうケータイ、スマホのメールアドレスやログインのパスワードを変更しています。警戒心がとても強い性向であるため、リスク管理には長《た》けています。あらゆるリスクマネージメントのアプリを研究し、日頃からしっかり自分の情報管理ができている人です。

4を選んだあなたは

趣味は強制されないので、続けても止めても個人の自由。そんな趣味を10年以上続けられる人は、よほどその趣味が好きな場合もありますが、「飽きっぽくない」性格も大いに影響しています。あなたはほとんどの場合パスワードを一度登録してしまうと、その後ほとんど変えたがらないタイプです。リスク管理は十分ではありません。気をつけましょう。

Test 08

毎日の習慣

毎日の何気ない習慣についておたずねします。
次の中から該当するものを選んでください。

1

毎朝、洗面台の鏡、姿見鏡を見るのが好き。
出掛ける前に顔、髪型、全身をチェックする

2

1に加えて、常時バッグには手鏡を入れ、外出中もチェック。
鏡は手放せない

3

鏡は毎朝、起きた時、出かける前に見るぐらい。
それ以外では、いちいち鏡を見るのは面倒くさい

診断 Test 08

このテストでは、

あなたが「エゴサーチ※にハマりやすいタイプかどうか」がわかります。習慣的にエゴサーチする人かしない人かがわかります。

※インターネットで自分のことを検索すること

1 を選んだあなたは

鏡を見るのが好き、よく鏡を見ている人は、自分が好きな人。自分をよりよくしたい、よりよく見せたいと思っている「自己肯定型」です。こういうタイプの人は、エゴサーチにハマりやすいです。ただし、それは常識の範囲内であり、度を越した自己肯定感があるわけではありません。自宅の「洗面所の鏡」「姿見鏡」では自分の容姿をチェックしますが、いったん外出すれば鏡を見てチェックすることにこだわらない。このタイプの人はエゴサーチをしても、適度な回数で、自分の内面に関わることだけは大事にしたいため、ネットで検索するのです。インターネットの情報に対しては、理性があるので過剰に反応しないでしょう。

2

を選んだあなたは

あなたは家では「洗面所の鏡」で顔と上半身、「姿見鏡」で全身、背後をチェックし、外出先でも手鏡を持って常時鏡を見る習慣があります。こういうタイプの人は、心理学的には「自己確証欲求がかなり高い人」と判断できます。いつも自分を確かめていたい、自分をしっかり認めていたいと願う人で、自己肯定感が強い。エゴサーチにハマってしまうタイプです。仮にインターネットで自分のことが書かれ、それが実際と違うこと、情報であった場合は絶対に見過ごせません。訂正させたり削除するよう、投稿者に要請するでしょう。

3

を選んだあなたは

あなたはエゴサーチにハマる心配はほとんどありません。自分のことに関心がないわけではありませんが、いちいち鏡を見て、顔、髪型、容姿を細かくチェックするのが面倒に思う人は、インターネットで自分のことを検索することも、やはり面倒なのです。「鏡」で「自分を見る」ことは、「インターネット」で「自分のことを検索する」ことと同じ。同じ暗喩《あんゆ》です。あなたは自己確証、自己承認に関して、それほど神経質ではないし、過剰反応もしません。

Test 09

もらったチケット

あなたはチケットをタダでもらいました。
観に行って友達に話したいと思うのは、
次のどのチケットですか？

1

サッカー、野球などの
スポーツ観戦券

2

ピカソ、モディリアーニなどの
絵画の展覧会の観賞券

3

人気アイドルの
コンサートチケット

4

クラシックコンサートの
チケット

5

商業演劇、歌舞伎などの
観賞券

診断 Test 09

このテストでは、

あなたが他人に「リア充を自慢したがる人かどうか」がわかります。話を盛るタイプかどうかが判明します。

「スポーツ観戦」「アイドルのコンサート」は通俗、「絵画」「クラシック」「演劇」は高尚という暗示があります。

1 を選んだあなたは

あなたは話を盛ったり、SNSに投稿したいとは思わない人です。実際よりよく思われたいという願望が薄い。「タダでもらった」チケットでスポーツ観戦を友達に話したがるあなたには、自分の自慢よりもスポーツ観戦の迫力、醍醐味に感動した自分の思いを伝えたいという願望が強いのです。

2を選んだあなたは

絵画は芸術。芸術鑑賞の体験は、高尚な体験です。それを人に話したがる人は見栄があります。虚栄心が強い。あなたはずばり、ＳＮＳでも事実でない話を盛る盛ボーイ、盛ガールになりやすいタイプです。

3を選んだあなたは

アイドルのコンサートへ行くのは流行追随タイプ。自分を飾ろうとしないあなたの平均志向、人並み志向は、現実直視の価値観です。リア充にはもとから興味がないタイプです。現実主義で、盛った話、話を盛る人を軽蔑しています。非リアでも構わない。

4を選んだあなたは

クラシック音楽は高尚な分野。その観賞を友達に話したがるあなたには、「実際よりもよく見られたい、よく思われたい」願望が見受けられます。リア充の自分をＳＮＳに投稿しそうな人ともいえます。

5を選んだあなたは

演劇は芸術、歌舞伎も日本の古典文化。希少で高尚な観賞を体験したあなたは、普段はそれほど興味がなくても、もらったチケットで観賞して興奮しています。リア充を無意識に好む人です。炎上に気をつけましょう。

Test 10

予想外のショッピング

予想外のタイミングで、予想外な所から入金があったあなた。
気分が高揚して、ショッピングモールで買い物を。
あなたが買いたいものは、次のどれでしょう？

1

新しいスマホ

2

以前から欲しかったが
高価なため買えなかった
アンティーク

3

最新のゲーム機

4

話題の本

5

いつも行列ができる
おにぎり専門店のおにぎり

診断 Test 10

このテストでは、

あなたは「**優越感**の強い人かどうか」わかります。他人より優れていたいという気持ちがどれほど強いか、判明します。

「予定外」の「入金」は、人を開放的にします。その時に買うものにあなたの**心の奥底**にある「**優越感**」が表れてきます。

1 を選んだあなたは

スマホは何万円もする消耗品。その新しいモデルを買うあなたは自己満足したいタイプ。人よりも優位な立場にあり続けたいと願っている人です。優越感は強いほうです。

2 を選んだあなたは

アンティークなものは、どんなに高価なものでも「流行」「新しさ」とは無縁です。あなたは現在の最先端には興味がない。優越感は強くありません。しかし自分の価値観がきちんと確立しています。少々頑固な人です。

3 を選んだあなたは

最新のゲーム機は、結構高価。人気もあり、誰でも簡単に買えるものではありません。あなたは「最新」をいち早く手に入れて、どこかに他人に自慢したい気持ちがあります。かなり優越感の強い人です。

4 を選んだあなたは

話題の本は「最新」ですが、だいたい二千円弱程度。高価な買い物ではない。あなたは流行に遅れまいとする思いが強いだけ。鼻持ちならないほどの優越感は持ち合わせていません。協調性があって知的レベルも高い人です。

5 を選んだあなたは

行列ができる食べ物店は「おいしい」ので人気です。しかしおにぎりは1個はせいぜい数百円程度。誰もが体験できることを自分も体験したいだけであり、あなたの買い物には、優越感が見られません。あなたは人を見下したりしない人です。

Test 11

あなたの友達の共通点

あなたの親しい友達、友人知人には、
次のどのタイプが多いでしょうか？

1

仕事が大変なせいか、
いつも緊張感のあるタイプ

2

何事にもあまり執着しない、
ユルくて少々だらしないタイプ

3

仕事で欲求不満がつのるらしく、
不満、愚痴、ボヤきが多いタイプ

4

仕事や家庭などが原因で
葛藤しているタイプ

診断 Test 11

このテストでは、

「ネットリンチ（いじめ）や"晒《さら》し"をしがちな人」かがわかります。あなたにその性質があるか、明らかになります。

「リンチ」や「いじめ」は必ず「集団」をともないます。個人一人ではできません。友達は「自分の集団の一員」。そこにある「傾向」で「ネットで他人を陥れそうな人」がわかります。

1 を選んだあなたは

あなたの友達の「緊張感」は、あなたにも共通しているもの。緊張感は大きなストレスになり、その「はけ口」を求めていじめに走りやすいです。ネットリンチ、晒しをしそうな傾向がある人とわかります。

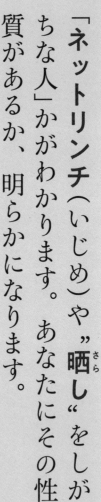

2 を選んだあなたは

あなたの友達の「ユルい」「だらしない」傾向は、徒党を組んで何かをするという意思が希薄です。あなたも同様であり、集団意識が希薄なため、ネットリンチ、晒しなどをすることはなく、むしろ嫌うタイプです。

3 を選んだあなたは

友達に多い「欲求不満」「愚痴」は、強烈なストレスが原因でしょう。類は友を呼ぶ。それはあなたにも共通すること。ネットリンチ、晒しに走りやすい傾向があります。

4 を選んだあなたは

「葛藤」は「不満」「緊張」と同様、ストレスが原因です。ストレスは必ず「はけ口」を求めます。SNSには気をつけましょう。何気ない言葉で相手を叩く傾向があるので、冷静さと理性が肝要です。

Test 12

自己採点の「仕事ぶり」

あなたの仕事ぶり、
自分ではどのように評価する？

1

仕事の目標が気になり、
クリアすることを重視して一心に努力する

2

やらなければならないことに対して、
できなかった時の言い訳をいつも最初から考えているクセがある

3

どちらかといえば、
完璧主義なほう

4

なんとかいい成績、
結果を残したいという意識が強い

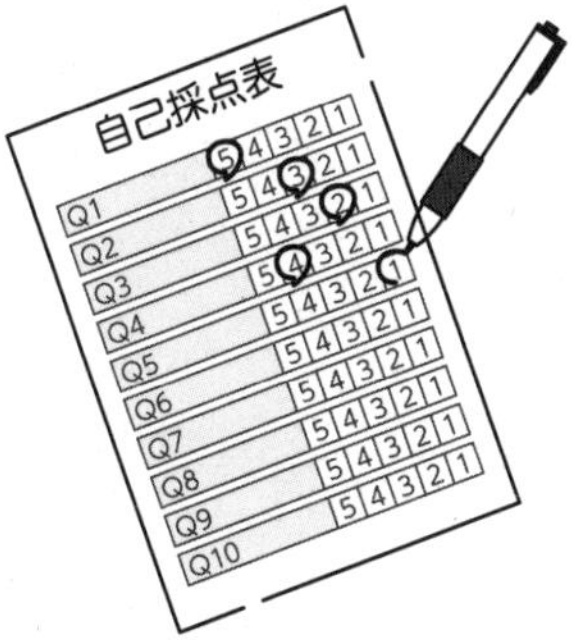

診断 Test 12

このテストでは、

あなたは、「ネットゲームの課金にハマりやすいかどうか」がわかります。一種の**ギャンブル依存症**の性質があるかどうかが判明します。

ギャンブル依存症に陥る人の共通点は、「言われたことは絶対やる」「目標をクリアする」「人よりいい成績を残したい」の３要素です。

1 を選んだあなたは

あなたは強迫観念を持ちやすいタイプ。目標をクリアするという意識は、仕事でも遊びでも共通して表れます。ネットゲームでは課金を続けて、ドつぼにハマらないよう気をつけてください。

2 を選んだあなたは

いつも最初から「できなかった時の言い訳」を考えているあなたは、自分を自分で守る意識が高い。自己肯定タイプなので、ゲームにハマって課金を繰り返したりはしません。

3 を選んだあなたは

「どちらかといえば、完璧主義」と控えめな自己評価の人は、「自分は完璧主義」とはっきり言う人より完璧主義です。そういうデータがあります。ゲームでもこの傾向が災いして、課金にハマりやすい性向があるので、気をつけましょう。

4 を選んだあなたは

「なんとかいい成績、結果」を残したいあなたは、同僚たちへのライバル心がすべてに優先されています。これは「対人優越感」という心理で、ゲームでもムキになってやる傾向が強いため、依存には要注意です。

Test 13

しつこいセールスマン

あなたはしつこいセールスマンにつかまり、困っています。
実はこのセールスマンは嘘つきです。
「あんまりしつこいと、警察を呼びますよ」と言ったあなたに、相手は……。
次のどの反応が、嘘をついている反応だと思いますか？（複数回答可）

1

「警察を呼ぶ!?」

と聞き返してきた

2

だいぶ間を置いてから、
「わかりました」
と言って引き上げた

3

無表情な顔をしていた

4

頬をかいたり、
髪の毛をととのえたりした

診断 Test 13

このテストでは、

あなたに「嘘を見抜く力があるかどうか」がわかります。あなたが「人に騙されやすい人間かどうか」が明らかになります。

これは世界的に著名な心理学者ユングが考えた、「連想検査法」という心理学のテクニックです。不意にある刺激的な言葉を投げかけて、相手の反応を見る手法です。実は四択すべて、嘘をついている反応です。

1 を選んだあなたは

「聞き返してきたのは、不意を突かれてあまりに驚いたから。驚くということは、何か都合の悪いことがある証拠。嘘をついている証拠です。「警察を呼ぶ」という言葉に過剰反応したのです。

2 を選んだあなたは

「警察を呼ぶ」という言葉の後に、間があるということは、嘘をついている証拠です。嘘をついていなければ、反論したり、「呼んでいいですよ」と開き直ったりできます。「警察を呼ぶ」という不意の言葉に、言葉を失った、冷静さを失った証拠です。

3 を選んだあなたは

嘘をついていなければ、すぐに否定したり、慌てますが、無表情という顔は、心の中は葛藤している証拠。うろたえ、困り、どうしたらいいか考えているのです。こういう無表情タイプは冷酷な性格でもあるので、注意が必要です。

4 を選んだあなたは

自分の頬をかいたり、髪の毛に手をやるのは、この場合とても不自然です。不自然なしぐさは、心にやましいことがあるから。嘘をついている証拠です。四択とも嘘だと見抜いた人は、合格点。人間関係で社会的に成功する資質があるといえます。

観戦券
鑑賞券
アイドル
コンサート
クラシック
コンサート
鑑賞券

Part **2**

あなたの性的欲求がわかる

性的欲求・恋愛編

Test 01

動物の擬人化

次の3つの文章にはそれぞれ、
「動物を人間にたとえた表現」があります。
この中であなたが共感を覚えるのは、
どれでしょう?

1

彼はいきなり降りだした雨にすっかり濡れてしまい、
ネズミのようにみすぼらしかった。
寒さでうち震えていた。

2

そのブルドックは、
横断歩道の手前で、信号がまだ赤なのに
渡る人たちを見て、茫然として眺め座っていた。

3

その猫は人間のように知恵が回って、
自分がしてほしいことをしてほしいタイミングで
飼い主にすり寄って、アピールしていた。

診断 Test 01

このテストでは、

人間の心の奥底にある
サディズムがわかります。
「あなたがサディストかどうか」判明します。

1

を選んだあなたは

「ネズミのようにみすぼらしい」という表現は問題があります。ネズミはそもそもみすぼらしいという生き物ではありません。「みすぼらしい」という例えは、この文章を書いた人の思い込みに過ぎません。ネズミの擬人化としては問題がありますが、人間をネズミのような「みすぼらしい」存在として表現しているところに、この書き手のサディズムがうかがえます。そしてこの1の文章を読んで違和感を感じないあなたも、心の奥底に同様なサディズムが潜んでいます。3つの選択肢の中では、最も強いサディズムが見受けられます。

2 を選んだあなたは

信号が赤なのに横断歩道を渡る人たちを見て、「茫然として眺めているブルドック」。しかしブルドックは別に茫然としているわけではなく、ただ人々を眺めて座っているだけです。「茫然として」という表現は、書き手が勝手に比喩として書いているだけ。しかしあたかも、「信号無視はいけないことがわかっているブルドック」のように書いているのは、書き手はブルドックを人間と同列に扱っている証拠です。そこには人間を動物におとしめて表現するサディズムは見られません。この文章に共感を覚えたあなたは、博愛主義的な人。動物愛護団体に所蔵するといいでしょう。

3 を選んだあなたは

この文章の動物の擬人化は「その猫は人間のように知恵が回って」というところ。この例えは、猫が人間の持つ「人智」を同じように持っているかのごとくふるまい、「自分がしてほしいことをしてほしいタイミングで」飼い主にアピールする、賢い例えで表現しています。猫を人間並みの知的動物に例えている点で、サディズムの対極にある文章。これを選んだあなたは当然サディストではありませんが、しかし逆に若干マゾヒズムの傾向が見られもします。猫のアピール、猫のすり寄りを細かく観察し、受け入れています。何かのきっかけで本格的なマゾヒストに目覚めてしまう危険性があります。

Test 02

クセのある3つの店

次の3つのうち、
あなたの行ってみたいお店はどれでしょう?

1

メチャメチャにおいしく、値段も手ごろなおでん専門の酒場。しかし店主が頑固オヤジで、客は自分ではおでんを注文できず、店主が「はい次、あなたは？」と順番に聞かれる時にしか注文できない。酒は自由に注文できる。

2

高級ラーメン専門店。平均1500円以上と高い。スープを残したり、使ったティッシュをテーブルに置いたままにしたりすると店主に怒鳴られる。客同士の会話も禁止。携帯で話したり、食後に長居していると追い出される。

3

酒がうまくて安い居酒屋。メーカーからお墨付きの生ビールがうまく、日本酒、焼酎も種類が豊富。ただし、つまみ類は同程度の店に比べすべて2倍～3倍と高い設定。お通し代(席料)はとられない。

診断 Test 02

このテストでは、

心の奥底にあるマゾヒズムが浮き彫りにされます、「あなたがマゾヒストかどうか」が判明します。

1

を選んだあなたは

おでんがどんなにおいしくても、そして安くても、自分で好き勝手に注文できないというのは、不便です。店主が順番で客に注文を聞くという店の流儀を受け入れているあなたは、その深層心理にマゾヒズムが見られます。しかしそれほど強烈なマゾヒズムではありません。酒は自由に注文できるし、おでんの価格も安い。こうした譲歩できる点が、あなたを開放的にしているのかもしれません。

2 を選んだあなたは

いくら高級でもラーメンとしては値段が高く、「店主に怒鳴られ」「会話が禁止」され、食べ終わった後に長居したり、携帯で話をしていたりすると「怒鳴られて、追い出される」。3つの選択肢の中では、最もアグレッシブで乱暴な店といえましょう。こういう店を三択で選ぶ人は、ずばりかなりのマゾヒストではないでしょうか。「怒鳴られる」可能性があるのに、そして高いのにあえて行くのは、辛抱強いということ。あなたの心の奥底には、そんな辛抱強さを受け入れる強固なマゾヒズムが横溢していそうです。

3 を選んだあなたは

「酒がうまく安い」「お通し代がない」という利点の対極に、「つまみがすべて通常の2倍～3倍高い」という負の面があります。しかしこの店を選んだあなたの中には、「うまい酒がたくさん飲めればいい。高いつまみは頼まなきゃいい。お通しもないから安くすませられる」と計算したことでしょう。この計算、打算はあなたの中のサディズムが萌芽したもの。あなたにはマゾヒズムがなく、逆に若干サディズムが見受けられます。つまみを一品も注文もせず、安くてうまい酒をとにかく飲もうという意思が強い。店の不利益は客の利益。店の損失は気にしていません。

Test 03 焼き肉デート

好みのタイプの異性と夜、
食事に行く約束をしました。
相手は「焼き肉が食べたい」と言います。
あなたは次の４つの店の、どれを選びますか？

1

ネットで調べて目についた人気店か、
テレビで紹介されたオシャレな店

2

焼き肉店としては老舗の店。
店の雰囲気は古風で価格は高め

3

無煙の設備がされている店。
もちろん全館禁煙の店

4

肉屋が経営しているお肉の専門店

診断 Test 03

このテストでは、

あなたが「異性に何を求めているか」が判明します。あなたの心の奥底に隠された**肉欲度**も明らかになります。

1 を選んだあなたは

食事のことは二の次、どんな店に行くか考えるのも面倒くさいと無難な店を選ぶあなたは、性欲は淡白。相手に求めているものは、趣味や時間つぶしを一緒にしてくれるパートナーとしての存在だけ。それ以上は考えていないようです。

2 を選んだあなたは

とにかく流行よりも歴史、伝統、ブランドを重んじるあなた。相手に求めるものは「自分を正当に評価してくれて、盛り上げてくれる相棒」的存在です。性的には相手の容姿に強くこだわる傾向がありますが、精力的には弱いほうです。

3 を選んだあなたは

相手のことよりも自分のことを優先させるエゴイストです。焼き肉の匂い、煙草の匂いを嫌い、生理的なモノがすべてに優先する人です。恋愛もセックスも自分勝手。自分が気持ちいいことだけに執着しがちで、相手に逃げられやすい人です。

4 を選んだあなたは

食欲は性欲と同様、非常に重要だと考えているあなた。性的欲求が強く、相手には性的な熟練度、洗練された技巧を求めています。性的経験の豊富な人を求めている。処女、童貞は論外。肉はA5格でないと許せません。おいしい肉を食べて、アフターにも期待しています。

Test 04

お供してくれる案内人(ガイド)は何?

ひとり旅に出かけたあなた。
畦道《あぜみち》を歩いていると、
道がわからなくなりました。
その時、動物たちが現れて、
「道案内をしましょう」と言ってくれます。
現れたのはどの動物ですか?

1

カニ

2

タヌキ

3

サル

4

ウサギ

Test 04 診断

このテストでは、

あなたが「結婚生活で求めているもの」がわかります。「結婚相手にどんなことを求めているか」が明らかになります。

1

を選んだあなたは

カニは深層心理では「勝者」「勝利」「ハッピーエンド」を表します。カニは弱そうですが、二本のハサミと横歩きで難局を突破。「勝つ」という象意を持っています。カニを選んだあなたは、無意識に「円満」で「人もうらやむ」家庭を求めています。結婚すると家族を、家庭を幸せに導く努力を惜しまないでしょう。勤勉な人です。

2 を選んだあなたは

タヌキは憎めない存在。あまり動かないで寝てばかり、よく食べよく飲むイメージがありますが、悪知恵も豊富です。あなたが結婚に求めるのは、自分の力になってくれる、盛りたててくれる、参謀のような夫婦関係。伴侶には自分よりも賢い人を求めています。人生の荒波も二人で乗り越えてゆける、そんな願望を持った人です。

3 を選んだあなたは

サルは「自己中心」「親分肌」「ケンカ早い」「徒党を組む」という象意があります。サルを選んだあなたは、とにかく自分が中心の家庭を欲しています。自己中心のようですが、逆に言えば、自分だけが頼りの、依存心のない人ともいえます。自力本願の人。しかしこのタイプの人と一緒になる伴侶は、苦労が多いでしょう。

4 を選んだあなたは

ウサギは「敏捷」「緻密」「あわてん坊」「そそっかしい」「愛嬌」という象意があります。ウサギを選んだあなたには、天来の陽気さ、明るさが魅力的です。結婚すると相手の幸せをよく考えながら行動するので、伴侶から大事にされます。結婚しなくても、それなりに人生に成功するタイプですが、同性愛にハマる傾向もあります。

Test 05

ホテルの部屋はどれを選ぶ？

繁華街のはずれにあるラブホテル。
あなたは受付で、
好きな相手と部屋を選んでいます。
どの部屋を選びますか？

1

セミダブルベッドの部屋

2

大きなベッドがある部屋

3

全面ミラーになっている部屋

4

ベッドが回転する部屋

診断 Test 05

このテストでは、

あなたが「ストーカーになりやすいタイプかどうか」わかります。あなたのストーカー度はどのくらいか明らかになります。

1 を選んだあなたは

あなたは相手と五分五分の関係を求めています。「セミダブル」サイズは相手との間隔が近過ぎず、遠過ぎず、適度な位置。あなたは淡白で理性的なので、ストーカーにはならないでしょう。相手との別れも、あっさりできるタイプ。性的欲求を理性、知性でコントロールできる人です。

2 を選んだあなたは

大きなベッドは、相手に対するあなたの思いがいかに強いかを表しています。あなたは相手に執着するタイプ。いったん好きになると見境がなくなります。関係がこじれると、しつこいストーカーになる可能性がとても高いので気をつけましょう。寛容な気持ちを見失うと暴走します。

3 を選んだあなたは

相手のことよりも、セックスの行為に興味のあるタイプです。精力は弱いですが、いろいろな体位、テクニック、小道具などを試してみたいタイプ。頭の中がエッチな妄想で満たされています。相手をおもんばかる気持ちは薄いので、関係がこじれてもストーカーにはなりません。あっさり別れて次の相手を探す。割り切っています。

4 を選んだあなたは

相手のことやセックスよりも、"遊び"に興味があるあなた。濃厚なセックスを嫌い、面白いプレイを好んでいます。性欲より、愛より、異性の身体への好奇心が優っているあなたは、根っからの遊び人。絶対にストーカーにはならないタイプでしょう。別れ方がうまく、相手を傷つけないように、うまく頃合いを見て離れていくのが得意なのです。

Test 06

気になる寝る時のポーズ

寝る時、あなたが最もリラックスできる姿、
ポーズは次のどれでしょう？

1

仰向けで、手足はそろえて寝る

2

効き手側を下にして寝る

3

反効き手側を下にして寝る

4

布団にもぐって寝る

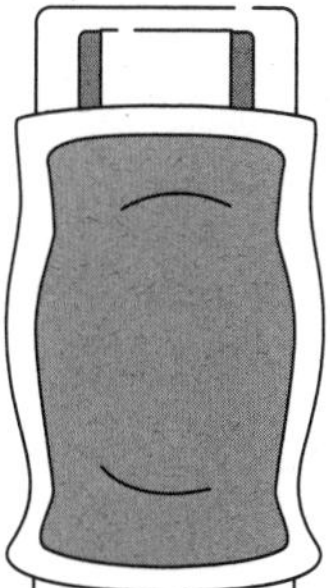

5

背中を丸めて寝る

6

大の字になって寝る

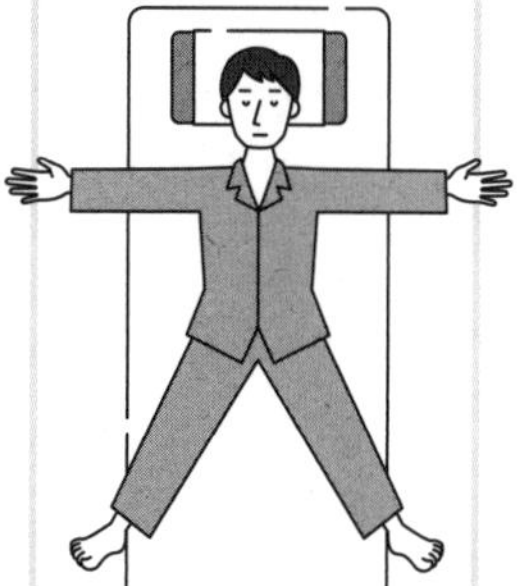

診断 Test 06

このテストでは、

あなたの「**理想の異性**はどんな人か」がわかります。寝る時の「無防備なポーズ」で、**潜在的欲求**が明らかになります。

1 を選んだあなたは

親の言うことを聞いて、素直に育ってきたあなたは、同じように素直な人が理想的。親を大切にし、年長者、高齢者に対する礼儀、リスペクトを忘れない人が理想的です。

2 を選んだあなたは

平凡でも、地味でも、誠実さのある人が理想。見た目はまったく関係なし。内面性を重視するあなたは、相手にも同じような性向の人を求めます。

3 を選んだあなたは

公務員よりも会社員、会社員よりも自営業の人を望んでいます。アイデア勝負、度胸勝負の仕事、生活を望み、定型的な人生、安直な人生を嫌うあなたです。

4 を選んだあなたは

芸術を解する人、面白い人を好んでいますが、目立つこと、派手な振る舞いは嫌います。二人だけの私生活を一緒に歩める、多少、秘密主義的な相手を望んでいます。

5 を選んだあなたは

自分を大切にしているあなたは、相手にも内向的な、思慮深い人を求めます。物を集める趣味があるので、同じような傾向の人と気が合います。

6 を選んだあなたは

楽天的なあなたは、自分の話を聞いてくれる人、心が通じ合える人を望んでいます。控えめで大人しい人とうまくいきます。同じ楽天的な人とは気が合いません。

Test 07

深層性愛テスト

今、気になっている異性がいるあなた。
左ページの花びらのイラストを見てください。
花びらにはF、M、L、Dとイニシャルがついています。
目を閉じたまま、異性のことを想いながら、イラストに人差し指を当ててください。
指したイニシャルは何ですか？

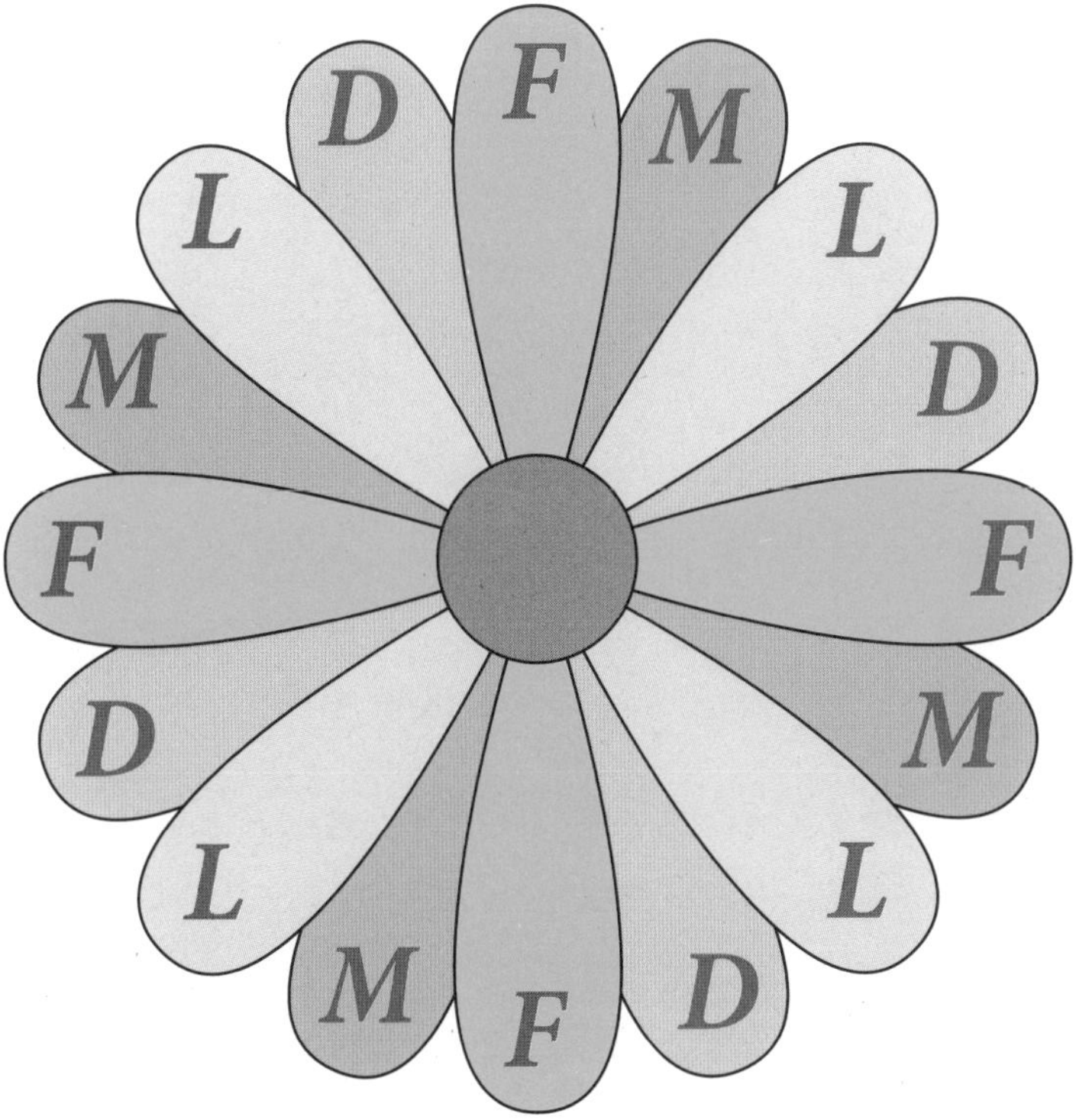
F
M
L
D
F
M
L
D
F
M
L
D
F
M
L
D

診断

Test 07

このテストでは、

あなたが今一番、「気になっている異性との**これから**」が暗示されています。あなたがこれから、その異性とどのような関係になるのか暗示されています。

菊の形の花びらには、心に秘め隠された心理が表れます。

F

を選んだあなたは

Fは、潜在的にはFRIEND(フレンド、友だち)のF。

あなたは好むと好まざるとも、相手との関係は「友だち」にとどまるでしょう。

それ以上でも以下でもない友だち関係が続くはず。それが一番いいと、あなた自身の深層心理では納得していることでしょう。二人の仲が今以上に接近することは、二人にとっては好ましいことではありません。相手が急に接近して来た場合は、注意。誘惑に乗ってはいけません。あなただけでなく、相手をも不幸せにしてしまいます。

L
を選んだあなたは

Lは、LOVE（愛）のL。ずばり、あなたと気になる異性との関係は、今後急接近して抜き差しならぬ展開になる可能性を秘めています。お互いが独身であればハッピーですが、お互い、あるいは一方に家庭がある場合は、不倫関係になり要警戒。LOVEは必ずしもハッピーエンドとはなりません。恋愛テーマの小説、映画、ドラマに共通するように、LOVEは悲しい結末になる可能性が多く潜んでいます。LOVEはドラマティック性。傍から見ていれば面白いですが、当の本人たちにとっては悲惨な体験にもなります。

M
を選んだあなたは

MはMARRY（結婚）のM。これは結婚に発展するという意味ではなく、結婚するほどに白黒はっきりした結果が、将来的に待っている、という暗示です。友達関係で終わったり、すれ違いで終わるという関係にはならない。何かはっきりとした形となっておさまる、という暗示なので、ある意味怖いものがあるかもしれません。単純に喜べないし、期待できない未来、それがこのMの暗示です。すでに結婚していて、家庭を大事にしたいと思うならば、その異性とのことはきっぱりと忘れるほうが無難でしょう。

D

を選んだあなたは

DはDANGER(危険)のD。気になる異性との今後は、波乱万丈な何かが待っていそうです。危険な関係になるという意味ではなく、あなたと相手との間に、いろいろなトラブル、アクシデントが降って湧いたかのように起こり、二人を大いに悩ませる事態が起こるという暗示です。つまり、「相性の良くない関係」なのです。二人が親しくなると、あなたの悪い面(短所)が、相手の良い面(長所)を損ない、相手の悪い面(短所)が、あなたの良い面(長所)を損なってしまう。互いに良いところが相殺されてしまう関係になる。はっきり言って悪縁の相手でしょう。今の状態以上に親しくならないこと、関わらないことをお勧めします。

Test 08

歩く姿に秘められた「アレ」

あなたが気になっている異性、
その人の歩いている姿を、そっと後ろから
観察してみてください。
次のどれにあてはまるでしょう？

1

コツコツと、音を立ててリズミカルに歩く

2

トボトボと、静かに、目立たなく歩く

3

セカセカと、狭い歩幅で歩く

4

少し大股で、ゆったりと歩く

5

外股で歩く

Test 08

診断

このテストでは、

あなたの「気になる異性の性的傾向」がわかります。濃厚タイプか、あっさり系か、ベッドの上の素行が予測できます。

1 を選んだあなたは

何事もはっきりとしたい、はっきりさせたいという性向。中途半端が大嫌い。食べ物では歯ごたえのあるものを好みます。セックスでは絶頂感を求めます。あなたに奉仕する精神、技術がないと対応できないでしょう。

2 を選んだあなたは

気持ちにムラがある人、気分的に気難しいタイプの人です。ベッドの上では、相手に物足りなさを感じさせる、不完全燃焼の余韻を与えるセックスに終始しそう。あなたにどれだけの許容量があるかどうか……。

3 を選んだあなたは

衝動的な人。セックスは室内ならベッド以外、屋外や車内などで興奮する性向がある。せっかちなので、まったりとした交わりを好みません。いつも別れ際は未練たらしく振る舞い、可愛い面も見せますが……。

4 を選んだあなたは

深い関係になっても、当初はノーマルセックスを求め、回数を経るにしたがって、濃密なセックスを求めてくるでしょう。相手を喜ばそうと技巧を凝らしたりします。アダルトビデオを観て研究するタイプなのです。

5 を選んだあなたは

好き嫌いがはっきりとした、わがままなタイプですが、頼られると豹変。面倒見がいい親分肌の性格を垣間見せます。ベッドでも相手に無理強いはしません。しかし密かに絶頂感は求めています。

Test 09

いろいろな髪の毛

あなたの髪の毛は、次のどのタイプ？
また気になる相手の髪の毛はどれ？

1
髪の毛が太い

2
髪の毛が細い

3
脂っぽい

4
フケが出やすい

5
サラサラした
髪の毛

6
クセ毛が多い

7
髪の毛が多い

8
髪の毛が少ない

9
髪の毛が
ストレート

10
枝毛になりやすい

診断 Test 09

このテストでは、

「性欲が強いか、弱いか」がわかります。相手の髪の毛も調べれば、性的な相性が想像できます。

「髪の毛」は深層心理では「血」「血流」「因縁」「色情」を表します。

1 を選んだあなたは

「太い毛」は「わがまま」「強情」「気分にむらがある」人。せっかちなので、自分の性欲が満たされると、満足。相手を気遣う繊細さが足りませんが、自分を頼って来る相手には面倒見がよく、親分肌で接します。性欲は強いほう。

2 を選んだあなたは

繊細で細やかな性格の人。相手に熱心に迫られると、断り切れずに押し通されることも多いでしょう。性欲は普通ですが、相手に合わせて柔軟に適応することができるタイプ。器用です。

3 を選んだあなたは

情緒が安定しない、気難しい人です。性欲も強い時とあっさりした時の振幅が激しく、相手をよく戸惑わせるでしょう。性欲は弱いほう。セックスよりもおしゃべりでストレス発散するタイプです。

4 を選んだあなたは

不器用な人なので、セックスも相手のリードが必要。性欲は強いので、受け入れてくれる相手には無条件に惚れ込むでしょう。生理でセックスできない時は、会わないほうがお互いにとっていいでしょう。

5 を選んだあなたは

すべてにおいて淡白な人。セックスもあっさりとしています。ネチネチとしつこい人、濃厚な交わりを求める相手には嫌悪感を抱きます。しかし相手を愛すると、相手に合わせてセックスの趣向も変えられる人です。

6を選んだあなたは

強い精神力が特徴。性欲は強いほうですが、知性、理性で制御できます。不倫関係を嫌うので、結婚すると身持ちの良い夫、妻になるでしょう。ただし、気を許した相手には結構わがままを言います。

7を選んだあなたは

髪の毛が多いとは、生命力が強いということ。性欲は強いです。情緒が安定しているので、浮ついた心がなく、簡単に人を好きになったり、関係を結んだりしません。しかし愛する相手に対してはベッドの上で濃厚に迫ります。

8を選んだあなたは

髪の毛が少ないタイプの人は、パワー、精力、スタミナが人並み以下。しかしサービス精神が豊富なので、相手に合わせて相手の欲望を満足させようと努力します。性欲は弱いですが、飽きっぽいので浮気症。不倫に走りやすいです。

9を選んだあなたは

知的で芸術を解するタイプ。愛には純粋さを求めるので、肉欲的な関係は嫌います。性欲は普通か、それ以下。セックスよりも心の交流を大切にする人。すぐセックスをしたがる相手は軽蔑します。妥協せず、優柔不断でもないので愛欲に走りません。

10 を選んだあなたは

好き嫌いがはっきりしていますが、気分次第で好みが変わったりします。付き合うと相手にかなりの負荷を与える人です。しかしアンニュイな雰囲気があり、色気があるため異性にもてるでしょう。性欲は相手次第で強くもなれば、弱くもなる。天の邪鬼タイプ。

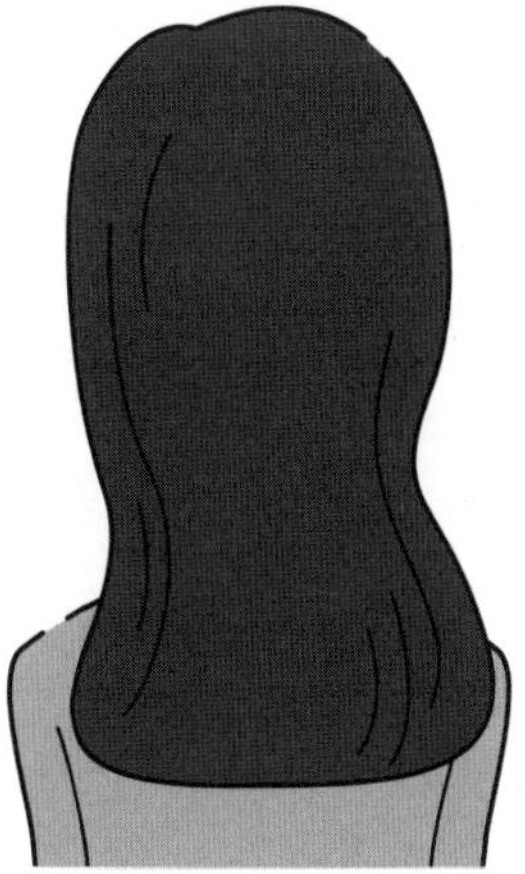

Test 10

出掛ける前に聴く音楽

休日、出かける前に
ちょっと音楽を聴いてみたくなったあなた。
さて、選んだ音楽はどれかな？

1

クラシック

2

Jポップス

3

ジャズ

4

演歌

5

ロックミュージック

6

昔の歌謡曲

診断 Test 10

このテストでは、

「今日のあなたの性欲度」がわかります。
心の奥底のモヤモヤが明らかになります。

「出掛ける前」は「解放」のひと時。その時に聴きたい音楽は深層心理で「衝動」「快楽」「陶酔」の象意があります。

1 を選んだあなたは

あなたは意外と孤独。リア充のように見えても内心、今日は人恋しく感じる時です。人肌に触れたくても、プライドは高いあなた。話題が豊富な異性と会うと、心がまぎれるでしょう。

2 を選んだあなたは

今日はワイワイやりたい気分。一対一で会うよりも数人で会ってカラオケにでも行きたい気分では？　でも機会があればその気になってフラフラしそう。羽目を外したい日です。

3 を選んだあなたは

今日は静かに過ごしたいと思っていますが、性欲はとても強い。自分で持て余すほど欲しています。どうやって心を静めるか、あなたは思案しあぐねています。

4 を選んだあなたは

一人でいるのが耐えられない一日になりそう。誰でもいいから肌を寄せ合いたい。行きずりの恋に走りそうです。出会いを求めて異性の多い酒場へ……。

5 を選んだあなたは

愛のないセックスに埋没してみたい……、そんな欲望が頭をもたげる一日になりそう。激しく、深い関係を求めるあなたは、割り切れる関係を求めて街を彷徨《さまよ》うことでしょう。

6 を選んだあなたは

一人が寂しいあなたは、誰かと一緒にいれれば満足できる一日です。性欲よりも軽い食事に珈琲か紅茶。普段行かない高級なカフェで長い時間、異性と語り合いたい気分では？

Test 11

男性限定のテスト①

モーターショーの展示会、
新車の前でコンパニオンが立っています。
あなたはどの女性に話しかけてみたいですか？

1

ハイレグの
コンパニオン

2

ミニスカの
コンパニオン

3

ミニスカポリス姿の
コンパニオン

4

腰まで
大胆なスリットが入った
ドレスのコンパニオン

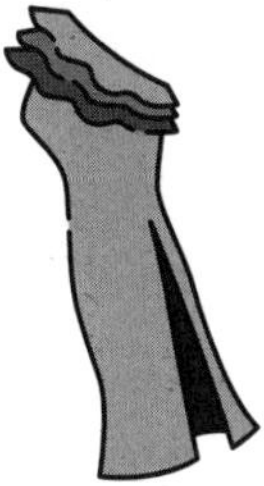

診断 Test 11

このテストでは、

「あなたの仮面の下」が明らかになります。日常生活で真面目な人間を装っている仮面が剥がれ、**性的本能**が暴かれます。

モーターショーなどでコンパニオンが新車の前にいるのは、「こんな彼女を隣に乗せて走りたい」という男の潜在的欲望に訴える効果が予想できます。

1 を選んだあなたは

あなたは車を試乗するように、女性を誘ってみたいという欲望が強い。下心はアリアリ。一度でも性欲を発散できれば納得できるタイプ。愛よりもセックス。一度試せば満足してしまう性向です。しかし体力がないので女性に馬鹿にされやすい。

2 を選んだあなたは

あなたはセックスそのものよりも、下半身の性欲処理に萌えるタイプ。性交は即効性と感度を重視。脚フェチ、太股フェチ、お尻フェチで、快楽を求めます。サディスティックなプレイも好むので、相手は背が高く、脚の長い女性に興奮します。

3 を選んだあなたは

あなたはマゾヒスティックな嗜好があり、いじめられたい願望も強いです。婦人警官に注意され、なじられて逮捕され拘束……。そんな妄想が次から次へと浮かんでくる懲りない習性。これまでの失敗談を思い出して、少し自重してみませんか？

4 を選んだあなたは

はっきり見えるよりも、瞬間見えるスリット入りのドレスは、性的志向がロマンチストである証拠。エログロは好みません。美しい肢体、セックスを妄想するタイプ。気品のある女性、自分には手が届かないレベルの女性に、異様に興奮します。機会があれば簡単に不倫に走る人です。

Test 12

男性限定のテスト②

女性がトイレに入ろうとしています。
どの個室も空いています。
あなたはどこに入ると予想しますか？

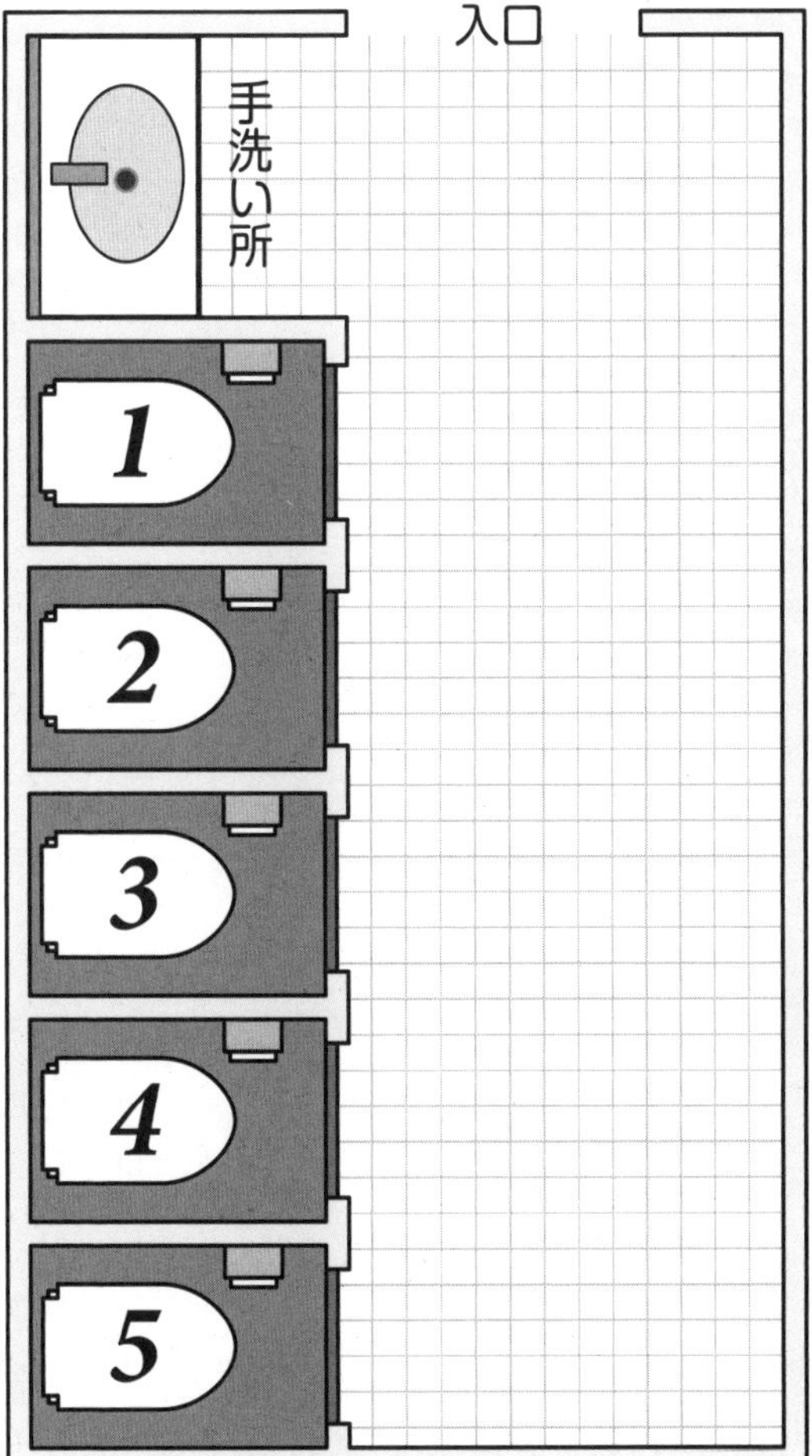
入口
手洗い所
1
2
3
4
5

診断

Test 12

このテストでは、

「女心を理解しているかどうか」がわかります。あなたが「女心がわかっている人」かどうかが判明します。

トイレは、最も個人的なパーソナルスペース。「排泄」「生理」「落ち着きたい場所」といった暗喩もあります。そこでの行動は、女性の最大公約数的な、最も特徴的なパターンが見られます。女性の心理、本音、心情が明らかになるのです。

1

を選んだあなたは

1は入口に近く、手洗い所も近くにあります。つまり最も人が出入りする、行き来する場所であり、落ち着きません。5つとも個室が空いている場合、1を選ぶ女性は心理学の実験ではほとんど皆無です。トイレは落ち着いていたい。そういう女性の心理、女心がまったくわかっていないようです。

3 を選んだあなたは

あなたは女性の心理、女心に大変通じているように見受けられます。トイレという最もパーソナルなスペースでは、プライバシーが守られたいと思いますが、かといって、まったく一人きりになる場所では怖いのです。隣(2や4)に個室があることで、安心できる3は、実際の心理の実験では最も女性が選ぶ快適空間なのです。

2か4 を選んだあなたは

あなたの女性心理への理解度、女心の理解度は可もなく不可もないといったところ。1や5を選んだ人よりかは、女性を理解しているようですが、3を選んだ人ほどではありません。女性にモテたいと思うなら今後も女心の勉強、研究を絶やさずに……。

5 を選んだあなたは

1を選んだ人同様、あなたは女性への理解、女心がまったく解していない人のようです。5は一番奥。その先は壁。何かあった時、逃げられません。1と同様、5は女性が最も回避する、敬遠する場所です。

Test 13

男性限定のテスト③

旅に出ているあなた。
田舎を走る電車の中で、
三人の美女が座っていました。
あなたはどの女性に声をかけ、
ナンパしたいですか？

1
1の座席の女性

2
4の座席の女性

3
8の座席の女性

診断

Test 13

このテストでは、

あなたのナンパ成功率がわかります。ナンパがうまいか、下手かが如実に判明できます。

電車の座席（オープンスペース）には、座る人の心理が働いています。人は無意識のうちに、座る位置を確定しているのです。

1

を選んだあなたは

男も女も、座席がすべて空いている場合は、右端の席か、左端の席に座る、という心理学の統計があります。電車の車内というオープンスペースで、自分のパーソナルスペースを確保できるのは、一番端の席だからです。さらに右端の席は連結部の隣で、左端の席より、人の行き来は少ない。そのため一番落ち着ける場所です。この席に座った女性に声をかけると、相手は逃げ場所がないため、あなたに応対せざるを得ません。話すきっかけとしては、最適な環境だといえるでしょう。あなたのナンパ成功率は、三択の中で一番高いといえます。

2 を選んだあなたは

この女性の左右を見た場合、右端までは空席が二つ、左端までは空席が三つあります。この女性は、空席が三つの左側ではなく、空席が二つの右側に自分の荷物を置いています。自分の荷物を膝にのせたり、足元に置かず、席に乗せるのは「近くの人との間に堤防をつくる」という心理です。4の女性は最も排他的で、警戒心が強い。こういう女性に声をかけてもナンパの成功率は低いでしょう。女性も、左右の女性が気になって話に応じにくい面があるでしょう。

3 を選んだあなたは

左端の女性は、ドアに最も近い部分に座っています。この位置は、何かあればすぐ逃げられる、抜け出せるという心理が働いている場所。パーソナルスペースとしては「最も落ち着かない場所」です。ここに座る女性は、ドアのそばの落ち着かない場所で、声をかけられても、そんなには驚かないはず。その意味で話しやすい、声をかけやすい場所ですが、適当にあしらわれる危険性もあるでしょう。ただし、ナンパに対しては、女性が最も警戒心を緩ませる座席です。あなたのナンパ成功率はまさに五分五分。成功を祈ります。

Test 14

難しいお願いごとをするには……

あなたは今、病気で動けない状態。
介護されている身です。
ケアの人（異性）に簡単なことから難しいことまで、
いくつか頼みたいのですが、
遠慮してなかなか言えません。
あなたなら、どうする？

1

とにかく、なんとしてもやってほしい難しいことを
真っ先に頼んでみる

2

簡単な頼みごとを一つして、相手の様子をうかがう

3

難しい頼みごとをしてもらうには、
どうしたらよいか、事務の人に聞いてみる

4

簡単な頼みごとをいくつかして、
頃合いを見て難しいことを頼む

診断 Test 14

このテストでは、

あなたの異性への支配力がわかります。異性を支配する力があるか、「支配するのがうまいかどうか」が判明します。

このテストは、「イエスのメンタルセット」というアメリカの心理学の理論を応用しています。

1 を選んだあなたは

難しいことを最初に頼むとそれは実現しません。しかし、相手は申し訳ない気持ちになっているので、次に簡単なことを頼むと、人は「いいよ(イエス)」と気楽に受けてくれます。難しいことの後のやさしいことは、相手は断りにくいという心理があるのです。あなたは知らず知らずのうちに、異性に負担をかけやすいタイプです。支配力はありません。

2 を選んだあなたは

あなたは人間関係に慎重な人。相手に対する配慮があるので、思い切って難しいことも頼んでみるといいでしょう。頼み方、その時の言葉に、あなたの相手への配慮がありますから、相手もむげには断り切れないのでは？ あなたの支配力は50％。平均です。

3 を選んだあなたは

難しい頼みごとをする前に、他者を介在させるあなたのやり方は、間違ってはいませんが、到底、異性への支配力を発揮できる器ではありません。あなたは管理職タイプ。組織の管理部門の責任者になると、あなたの慎重さは活かされるでしょう。

4 を選んだあなたは

簡単な頼みごとをいくつかすると、相手は「はい（イエス）」と簡単に受けてくれ、難しい頼みごとをする素地ができます。相手は「イエス」と言わざるを得ない状況に立つ。これが「イエスのメンタルセット」。あなたの異性への支配力は合格点。浮名を流すモテ男、モテ女になれます。

Test 15

医者のコスプレ服

あなたは、街を歩いている時、ある店で大好きな医者のコスプレ服を見つけました。シリーズもので四種類あります。どれを買いたいですか？

1

袖、襟などの部分を自分で簡単に組み合わせる
キット状態にあるもの

2

シリーズで一番最初につくられたヴィンテージもの

3

市場にほとんど出回っていないレアもの

4

プロ仕様のもの

診断
Test 15

このテストでは、

「異性を自分好みの人間に育てる欲望があるかないか」わかります。異性を思い通りに理想に近づけたい欲望のありなしが判明します。

これは心理学の「マーケティング理論」を使ったテストです。

1
を選んだあなたは

バラバラの部分を自分で組み合わせてつくっていこうとするあなたは、根源的な調教マニア。異性を自分好みにしていく強い欲望があります。こういうタイプの人は、嫉妬深さが災いして、大きな破局を迎えることがよくありますので、注意しましょう。独占欲は破滅の元です。

2 を選んだあなたは

ヴィンテージものにこだわるあなたは、妄念、妄想の強い人。観念的なこだわりがあり、自分の性欲を理屈で正当化する傾向があります。周囲から変態と思われないよう、気をつけましょう。理屈では人は動きません。欲望で人は動く。相手の欲望も熟知しないと、あなたの欲望は達成されないでしょう。

3 を選んだあなたは

レアものを選んだあなたは、「異性を自分好みに仕立てたい」という欲望よりも、コスプレそのものに興味があるほう。異性に対する独占欲、支配欲はそれほど強くありません。無難な市民生活から逸脱はしないでしょう。

4 を選んだあなたは

プロ仕様を選んだあなたは、本格的なコスプレマニア。そして異性を自分好みに仕立てあげることに大きな喜びを感じる危ない人です。日頃の生活で法律や道徳から逸脱しないよう、注意しましょう。サディスティックな面もあるので、異性をとことん飼い慣らしたい欲望があります。

Part **3**

あなたの「これから」がわかる

将来・未来編

Test 01

手（指）に宿る潜在能力を読む

あなたの手（指）はどんな手？
次のどれにあてはまりますか？
実際ではなく、とっさの想像で答えてください。

1

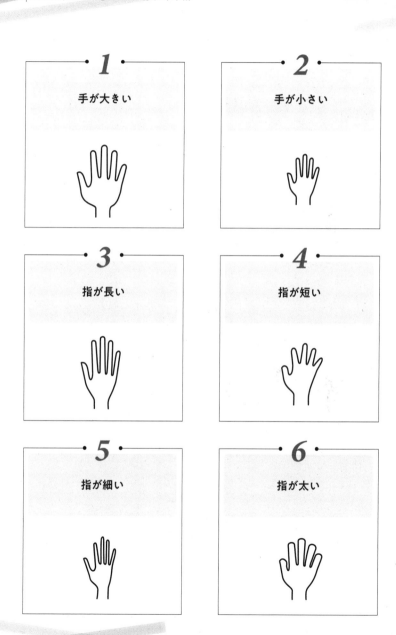

手が大きい

2

手が小さい

3

指が長い

4

指が短い

5

指が細い

6

指が太い

診断 Test 01

このテストでは、

「夢実現のヒント」がわかります。あなたの行動のすべてを知る「手」「指」の特徴の想像が、あなたの**潜在的な能力の活かし方**を暗示しているからです。

1 のあなたは

手が大きいと想像した人は一に行動、二に行動。とにかく身体を動かすことが運気を呼び込み、夢をかなえるチャンスを引き寄せます。本来は面倒見がいい人柄なので、人のお世話を無心にしていると、思わぬ「縁」が舞い込む可能性があるでしょう。

2 のあなたは

身体を動かすことよりも、あれこれ考えて慎重に動くのが信条のあなた。あなたに欠けているものはサービス精神。無私の心でボランティア活動に励むと、隠れた能力が表に表れ、意外な出来事に遭遇しやすくなる。それが転機になったりします。

3のあなたは

プライドが高いあなたは、スマートに物事を進めようとし過ぎて、チャンスを逃します。チャンスは泥に浮かぶハスの花にある。泥臭く、なりふり構わず働く、勉強することで意外なところから意外な機会を手繰り寄せることになるはず。

4のあなたは

一つの事に集中して取り組むことができるあなた。トラブルやもめ事も器用に対処しますが、大きな方向転換、大胆な変更ができずに、失速することが多いです。読書する時間を増やして、知的インプットを今の5倍に増やすと、成功のアイデアをつかめるかも……。

5のあなたは

繊細で内向的なあなたは、在宅していると夢をかなえるチャンスになかなか巡り合えません。成功のヒントを得るには、積極的に人の中に入っていくこと。人の集まるところに夢をかなえるヒントが溢れ返っていることに気づいてください。雑踏の中に希望あり。

6のあなたは

現実主義の傾向があるあなたは、何事も10年単位で努力すると、運が開けて行くきっかけを掴みます。見限って、諦めてしまった時にチャンスを逃すでしょう。気長に、地道に物事を進めることが、結局、成功への近道になります。ローマは一日にして成らず。

Test 02

手全体（手のひら）の潜在能力を読む

あなたの手全体の感じをとっさに想像してください。
手のひらは、次のどれにあてはまるでしょう？

1

手のひらがやわらかい

2

手のひらがかたく、
ゴツゴツしている感じ

3

手の肉付きがいい

4

手の肉付きはうすい

5

手が冷たい

6

手が温かい

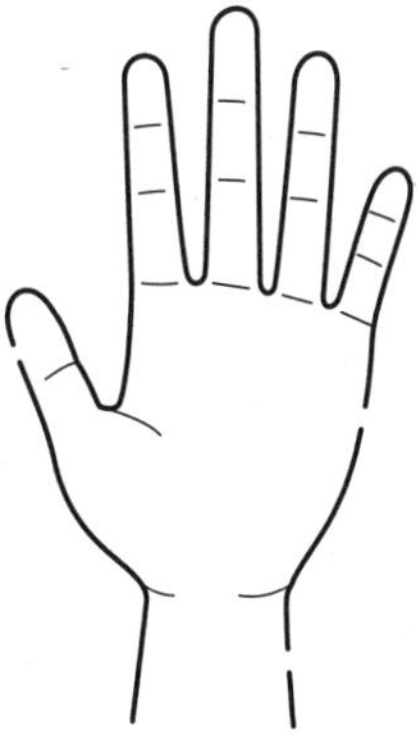

診断 Test 02

このテストでは、

あなたが「人間関係で気をつけなければならないこと」がわかります。手全体(手のひら)の印象が、あなたの「短所」を暗示しています。

1 を選んだあなたは

「手のひら」は「神経」「思考」という象意があります。あなたは「柔軟な考え」の持ち主。人間関係で行き詰まっても、すぐ打開策が思いつきます。「どんな人でも自分は説得することができる」という自信を持ってください。実際にそうなります。

2 を選んだあなたは

考えるよりも動くことで、どんなにトラブッた人間関係も修復できます。根回しのやり方、進め方を十分に研究すること。あなたはどんなコミュニティでも「お世話人」に推奨される人柄です。身体を常に動かしていると、運気が巡るでしょう。

3を選んだあなたは

情に厚いタイプなので、友だちには困りません。その気になれば何人もの友人知人が常にいる人ですが、歳をとるごとに人間関係が面倒になってきます。自分より何かに秀でている人たちと付き合うと、驚くほど目の前が拓けていくでしょう。

4を選んだあなたは

肉付きのうすいと想像した人は、情けよりも実利をとる人。なんでもすぐ損得勘定をするので、友人知人は少ないほう。今更この性質は変えられないので、無私の行為、ボランティア活動などをすると、いい人と巡り合え、損得抜きにした交友関係が拡がるでしょう。

5を選んだあなたは

手が冷たいと思った人は、好き嫌いの非常にはっきりした性格が多い。そのため人間関係ではトラブル、問題が絶えません。不倫、三角関係、ストーカーといった問題に発展しないよう、自分の感情を抑えてゆく処世術が必要となります。

6を選んだあなたは

情があり、困った人がいると助けたくなる心根の持ち主ですが、人の好き嫌いが結構はっきりしているため、嫌いな人へ態度が冷たくなりがち。嫌いなタイプの人にも、同じように接せられる度量を磨くことが、これからの課題ではないでしょうか。

Test 03

交渉する相手を選ぶ時

あなたは仕事である交渉をまかされました。
交渉相手は次の四人の中から選ぶことができます。
それぞれタイプがまったく違います。
あなたが「与《くみ》しやすい」と思うのは
誰でしょう?

1

おしゃべりで明るい性格。
話好きな相手

2

口数は少なく、
事務的に話し合うことを
好んでいる相手

3

会合に遅れることが多く、
だらしないと噂のある相手

4

相手側に一任された弁護士

診断

Test 03

このテストでは、

「困難を乗り越える力、解決力」がわかります。あなたの潜在的問題解決能力が明らかになります。

1

を選んだあなたは

話好きな人は、しゃべればしゃべるほど、相手に交渉の選択肢を与えます。「おしゃべり」は「依存心が強い」「事を荒立てず穏便にすませたい」という願望の裏返しでもある。深層心理では、「口唇期的性格」と呼びます。この人を交渉相手に選んだあなたは、潜在的に問題解決能力に秀でています。修羅場を超えられる眼力があります。

2 を選んだあなたは

無口な相手は、交渉しにくいです。こちらがある程度リードし、話を進めなくてはなりません。こうした相手を選んだあなたは、「言葉数が少ないので、与しやすい」と判断したならば大間違い。交渉は暗礁に乗り上げるでしょう。あなたの「困難を超える力」「解決力」は、心もとないと言えます。

3 を選んだあなたは

「時間に遅れてくる」人は、「だらしがない」反面、交渉前から「相手に圧力をかける」「優位に立とうとする」思惑が見受けられます。最も手ごわい相手と思っていいでしょう。相手は最初からあなたを見下してくる可能性がある。そういう相手を選んだあなたは、まだまだ未熟。人間観察、人間理解が足りていません。

4 を選んだあなたは

相手側が弁護士を立てたことに憶せず、交渉相手に選んだあなたは勇猛心があります。弁護士という肩書にビビらない。むしろ法律、交渉のプロだから話し合いやすい、交渉が進みやすいと判断したあなたは、高い社会経験値が見受けられます。問題解決能力も非常に高い。いずれは所属する組織のリーダーとなるタイプです。

Test 04

成約しなければならない案件

あなたは、どうしても成約しなければならない案件で、
これから相手先に営業に行くところ。
とにかく相手の気にいるようにして、
商談をまとめたいのですが、
次のどんな態度で臨もうと考えますか？

1

この商談がどれほど相手の利益になるか、トクになるかを
しっかりお話しさせていただく

2

この商談は今だけの好条件であり、今まとまることが
相手にとっても、こちらにとってもいい、
ウインウインの商談であることを説明する

3

とにかく相手の話を聞いて、疑問点、
不安点を聞き出し、それらを一つ一つ
解消していけるよう話を進める

4

話をしながら、頃合いを見て酒場へ。
酒を飲みながら本音で語り合い、
勢いと流れで話をまとめたい

診断

Test 04

このテストでは、

あなたの「人間理解力」がわかります。

「人間理解力」のある人が社会で成功し、富を得ることができます。あなたがこれから社会的成功をおさめられるかどうかが、予測できます。

1

を選んだあなたは

「あなたの利益になる」という言葉は、営業トークの典型ですが、相手が利することだけでは仕事は成り立ちません。こちらも成約できなければ利益が出ない。それは社会経験がある程度あり、人間理解のある相手ならお見通しのこと。1を選んだあなたにはそういう人間理解力がまだ足りていないようです。営業は難航するでしょう。

2 を選んだあなたは

ウインウインの関係とは、言葉のあやであり、実際はどちらかがより儲かり、もう一方はそれほどでもないか損をする関係になることが多い。その点を理解せずに話していると、相手は反発してきます。商談は実を結ばない可能性が大。あなたの「人間理解力」はまだまだ低いようです。

3 を選んだあなたは

相手の話をよく聞く人は、相手に説得されやすい人です。営業トークとしては最悪ですが、相手に誠実さは伝わります。相手が不安に思ってること、疑問に思っていることを聞き出し、解決していく態度は、営業の正道でもあるでしょう。時間はかかりますが、あなたの「人間理解力」は満点に近いです。

4 を選んだあなたは

話し合いもそこそこに酒場に繰り出して、接待で事を進めようという考えはもう時代遅れ。時代錯誤もはなはだしく、現在ではなかなか通用しないでしょう。前時代的な考えのあなたの「人間理解力」は、先が思いやられます。古い考え方を改め直したほうがいいでしょう。

Test 05

バッグ、カバンの中身は?

あなたが日頃使っているバッグ、カバン(リュック)についてお聞きします。次のどれにあてはまるでしょう?

1

バッグ、カバンは持たないことが多い。
紙袋ですますことが多い

2

バッグ、カバンの中に
いろいろな物を入れている。
いざという時のために入れている物も多い

3

バッグは何種類かを、その日の気分、
用事に合わせて使用している。
入れ代えるのが面倒なので、
中身は最小限度の物だけ

4

小さめの、最小限度必要な物だけを入れた
バッグを持ち歩く

診断

Test 05

このテストでは、

あなたの「**これからの人生**」がわかります。日頃、あなたが何を背負って生きているかが判明し、今後の予測ができます。

バッグ、カバンはあなた自身の「器」「度量」「許容力」を示しています。無意識に使っているバッグの使い方で、あなたの人生の一端が浮かび上がるのです。

1 を選んだあなたは

常に自分が自由であることを最優先したい人生。いつも両手はすぐに使えるようにしておきたい。物を持って歩かなければならない時は、紙袋を使用。あなたは状況に応じた対応力、処世術、適応力が優れています。独創的、芸術的な方面に才能を活かせるでしょう。

2を選んだあなたは

バッグに入れた中身の多さは、あなたが背負っている現状でもある。あなたはいろいろと背負い込むことが多くて、いささか疲労困憊ぎみでは？ 燃え尽き症候群になるかも。「いざという時」のことは考えずに、もっと気楽にしてはどうでしょうか。取り越し苦労の多いタイプです。バッグを少し軽くしてみましょう。

3を選んだあなたは

バッグはあなたの「許容力」を暗示します。あなたは家庭か仕事場で、「許容しかねる事態」「受け入れがたい人間」に遭遇していませんか？ バッグをいくつか代えることによって、深層心理的にはそれを乗り越えようとしています。あなたはＴＰＯに応じて生きれる人。もっと楽観的になれば、堅実で豊かな未来が拓けるでしょう。

4を選んだあなたは

あなたの本性はリアリズム。そしてプラグマチズム（物質主義）です。金儲けは上手ですが、組織に所属するよりは個人経営、自営業が向いているタイプでしょう。事業の成否に左右される人生で、極貧の生活を送って野垂れ死ぬか、一人成功して優雅にひっそりと暮らすか、どちらか極端な人生になりそうです。

Test 06

手の甲に表れる深層心理

あなたの右手の甲を想像してみてください。
どんな特徴があるでしょうか。
あてはまるものを、次の中から選んでください

1

中指が薬指のほうに
向いている、傾いている。

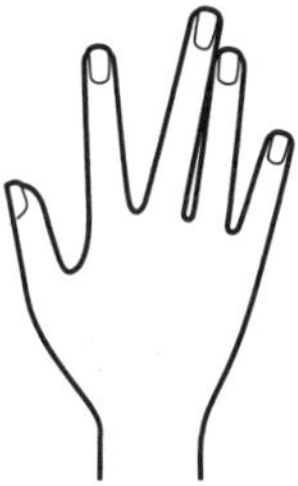

2

薬指が、中指のほうに
向いている、傾いている

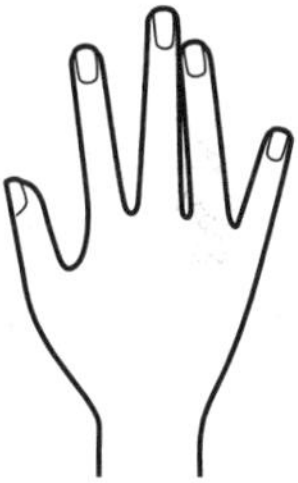

3

人差し指が、中指のほうに
向いている、傾いている

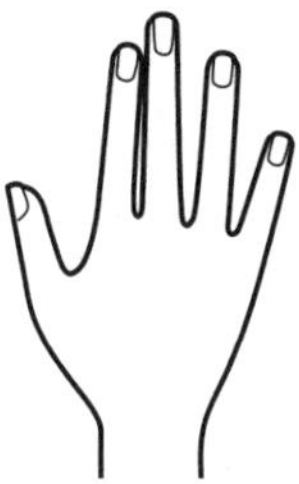

4

薬指、人差し指が、
中指のほうに向いている、
傾いている

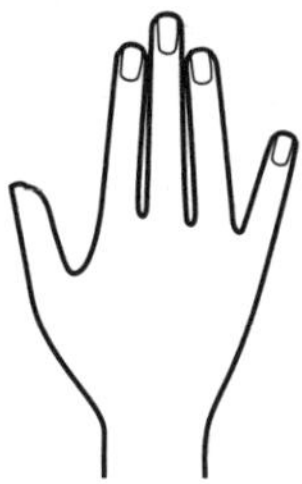

診断

Test 06

このテストでは、

あなたと「家族との関係」がわかります。関係をはっきり認識すれば、今後、家族間の問題の対処に役立つでしょう。

「中指」は「自分」、薬指は「家族」「配偶者」、人差し指は「他人」を暗示しています。

1 を選んだあなたは

中指(自分)が薬指(家族、配偶者)のほうに向いているあなたは、家族や配偶者に頼りがちの人生です。これまで家族の支えなくては生きてこれなかったはず。家族の問題は都合よく逃げたりしないで、積極的に関わることが、解決の糸口になるはずです。

2 を選んだあなたは

あなたは家族、配偶者に頼られるタイプです。一家を支える大黒柱にならなくてはならない運命のようです。家族には多少のわがままを許してもらい、好きな趣味に興ずることが、ストレス解消に直結します。ストレスをうまく解消できれば、家族はいつも円満。

3 を選んだあなたは

あなたは他人に何かと頼られるタイプです。あなたが注意しなければならないのは、連帯保証人、身元保証人にならないこと。保証人なると問題が起こりやすく、それが家族、配偶者をも不幸にする危険性があります。きっぱりと断る勇気が不可欠。

4 を選んだあなたは

家族、配偶者、そして赤の他人からも頼られるあなた。いつか人間関係の重圧で押しつぶされるかもしれません。気をつけてください。特に金銭の貸し借りは慎重に。あなたが経済的に崩れると、周囲も総崩れになる恐れがあるのです。

Test 07

刑事のあなた

あなたは今、東京・警視庁の刑事です。
ある事件の容疑者が、神奈川県の海辺のホテルに泊まっていることを突き止めました。
しかしまだ証拠がないため、逮捕状はとれません。
声をかけ任意で事情聴取しようと思いますが、
次のどの場所を選ぶ?

1

すぐ近くで、相手も警戒しない
一階のホテルのラウンジ

2

二人っきりになれる
すぐ近くの海岸

3

面倒でも車に乗せ、時間はかかるが
自分の署がある東京まで連れて行く

4

地元の所轄警察に連絡し、事情を話して
部屋を借りる

診断 Test 07

このテストでは、

あなたがプロフェッショナルかどうかがわかります。「将来、仕事で成功するかどうか」を予測できるヒントが隠されています。

「刑事」は「非日常」、「容疑者」は「非日常の仕事」、「事情聴取」は「現実」の象徴です。あなたのとるとっさの行動で、プロフェッショナル度がわかります。

1 を選んだあなたは

あなたは仕事に関してはアマチュアレベルです。ラウンジなら相手は気軽に聴取に応じますが、その日の夜、逃走してしまう可能性もある。ラウンジは不特定多数の人間が近くにいるため、突っ込んだ話もできません。容疑者を取り逃がす恐れがあります。

2
を選んだあなたは

あなたはテレビのサスペンスの観過ぎです。海辺は二人っきりで話し合いができても、潮騒、海風、砂浜という自然環境では、容疑者は精神的圧迫を感じません。追い込むことができず、あなたの追及はのらりくらりとかわされてしまうかも。最も事情聴取に適していない場所。あなたはプロ失格です。

3
を選んだあなたは

正解です。東京の自分の署へ連れて行くのが最適なシチュエーション。最も大切な話は自分がよく見知った場所でおこなうのがベスト。周囲はすべて自分の味方だからです。心理学ではこれをホームグラウンド効果と呼びます。スポーツでアウェイとホームでは選手のモチベーションが違うのと同じです。

4
を選んだあなたは

地元神奈川の所轄は同じ警察署ですが、勝手知らない他人の家。よく知らない場所で、容疑者の重要な事情聴取をおこなうことは非常に難しい。捜査上の秘密も守れません。東京の自分の署に行くよりは近いし楽ですが、楽をした分、大きな魚を取り逃がすことになるでしょう。あなたは仕事のツメが甘いです。

Test 08

あなたは面接官

あなたはある企業の社長。
とても地味な仕事のアルバイトがあり、
募集すると四人の男性が応募して来ました。
しかし四人とも過去がヤバイ人ばかり。
面接をして誰がアルバイトに向いていると
考えますか？

1

「俺は元ヤクザでした」
という男性

2

「私は昔、過激派でした」
という男性

3

「私は昔、泥棒でした」
という男性

4

「私は元暴走族でした」
という男性

診断

Test 08

このテストでは、

あなたに「人を見る目があるかどうか」がわかります。社会で成功するための人間観察力があるかどうか判明します。

四人それぞれの「過去」の告白に、そのヒントが隠されています。

1 を選んだあなたは

「私は元ヤクザだった」という男は問題が多い。ヤクザは反社会的勢力。そうした過去は伏せておきたいはずなのに、表明するのは、自慢したい気持ちがあるから。本人は「ヤクザ」に「優越感」を持っています。こういうタイプは地味な仕事は務まりません。1を選んだあなたの「人間観察力」はゼロに等しい。

2を選んだあなたは

「過激派」という言葉は、「かっこをつけた」言い方です。左翼思想の過激勢力。「私は元過激派だった」という表明は、本人はそれを必ずしも悪とは考えていません。自慢したい、自分の力を誇示したい気持ちが伺えます。地味な仕事には不向きでしょう。あなたの「人間観察力」はゼロに等しいです。

3を選んだあなたは

「昔、泥棒だった」という男性を選んだあなたは、四択の中で最も「人間観察力」があります。「泥棒」には「ヤクザ」「過激派」「暴走族」のような、力を誇示することがありません。「泥棒」は「悪」であり、自慢する要素がない。それを正直に告白する男性は、地味な仕事をこなす正直さもありそうです。

4を選んだあなたは

「元暴走族だった」という自分の過去の表明には、どこかに自慢したい、優越感のようなものが感じられます。少なくとも暴走族だったことを恥じて隠したいわけではありません。1や2と同じで、「悪い過去」に対して優越感のある人間は、地味な仕事には向かないでしょう。あなたの「人間観察力」はゼロに等しいです。

Test 09

四人の部下の性格

あなたは上司として、あることで今
部下と議論しています。
四人の部下の一人一人と議論し、
赤か、白か、お互い意見がわかれました。
次は、それぞれの部下が言った言葉。
あなたはどの部下が扱いやすいと思いますか？

部下
1

「プライオリティとしては、やはりまずは赤でしょう」

部下
2

「優先事項としましては、赤が当然、まず最初でございます」

部下
3

「要するに、赤なんですよ。まずは。こういう場合」

部下
4

「だから！　最初から言ってるように赤でしょ。これはやっぱり」

診断

Test 09

このテストでは、

あなたの「人間理解力」「人間観察力」がわかります。部下を扱う上司としての適性があるかどうかが判明します。

1

を選んだあなたは

「プライオリティ」（優先順位）といった英語を、上司との会話の中で使う部下は、かなり自己主張が激しいです。「自分は賢いんだ」「知的だ」という主張です。非常にプライドが高い。知的であると褒めてあげると喜びますが、扱いにくい。あなたは見る目がありません。

2を選んだあなたは

「ございます」と丁寧語を使うのは上司と部下の関係に限らず、「相手と距離をおきたい」という意思が見えます。人間関係に不安があり、一定の距離を相手との間に保ちたいという願望の表れ。それでその場にふさわしくない丁寧な言葉を使ってしまう。その点を考慮すれば、扱いやすい部下です。

3を選んだあなたは

「要するに」という言葉は、それまでの話をまとめる、まとめたがっている人の言葉づかい。その場を仕切りたがっている、上昇志向のある部下でしょう。この部下は問題の要約力があること、核心を突く知性があるので、上司としては話しやすく、話をまとめやすい。部下を見る目は合格点です。

4を選んだあなたは

「だから!」という言葉づかいは、強い意思の表れ。自分は目先がきく、頭がいいと思っているタイプです。こういうタイプは自立心が強く、一つの組織にとどまりません。いずれ独立し退社するでしょう。あなたの手に余るタイプ。あなたに部下を見る目はなさそうです。

Test 10

四つのスーパー

あなたは出張で、地方のある街に来ました。夜、スーパーで買い物をしようとしたところ、四つのスーパーがあり、迷いました。はたしてどこに入りたいと思いますか？

1

入口にお菓子の安売り売り場があるスーパー

2

入ると、店内を右回りに回る通路があるスーパー

3

入口に野菜や果物の特売売り場があるスーパー

4

入ると、店内を左回りに回る通路があるスーパー

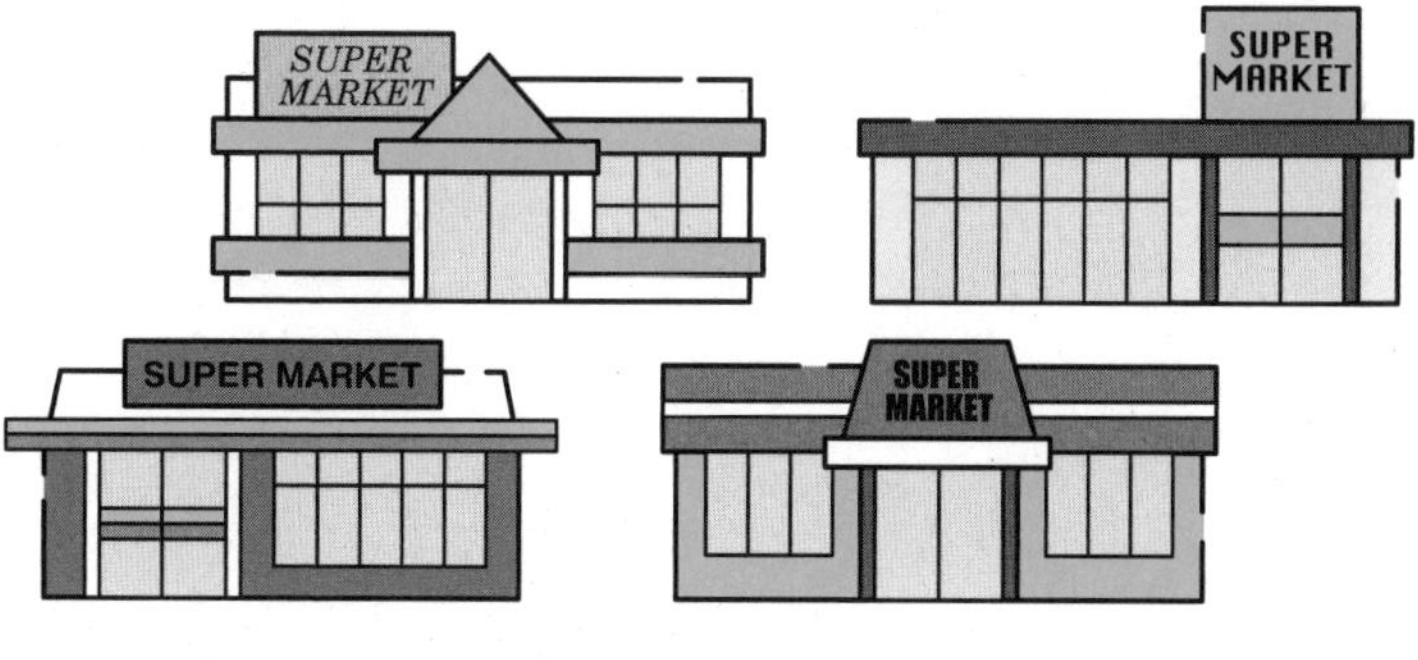

診断 Test 10

このテストでは、

あなたに「モノを売る力があるかどうか」がわかります。
消費者の心をつかむ販売力があるかどうかが判明します。

1 を選んだあなたは

あなたは安いモノを売る力はありますが、会社全体の売り上げを上げるような販売力は持ち合わせていないようです。入口は消費者の購買力をいかに高めるかの、勝負の場所。ここに生活必需品でない、安価なお菓子を置き、安売りするマインドでは、消費者の購買力は高められません。

2 を選んだあなたは

深層心理を応用したアメリカのスーパーの実験では、「右回りに回ると、落ち着かない。気持ちが高揚しない」というデータが出ています。あなたは消費者のマインドに疎いようです。モノを売る仕事に向いていないでしょう。

3 を選んだあなたは

消費者の購買力を高める一番の要素は、深層心理では「色」。入口にひと際色鮮やかな野菜や果物の特売スペースを設けると、売上が上がるというデータがあります。あなたの感性は、消費者の平均的感性に近い。「モノを売るコツ」がわかっているので、販売力はかなり高い。小売業で成功するタイプです。

4 を選んだあなたは

入口から左回りに回る通路のスーパーは、心理学の実験では、「消費者の購買力を高める設計」として採用されています。心臓の方向へ身体を動かすことを、人は心地よいと感じるようです。あなたの判断は、こうした実験結果に沿うものでもあり、モノを売る商売にも才能を活かすことができるでしょう。

Test 11

クラウドファンディングを始めました

あなたは今、バイオ研究の学者です。
ある研究に没頭していますが、
研究を続けるためには
資金が不足してきました。
あなたは一般の方に募金を募ることにします。
さて、どのような文言でお願いしますか？

1

1000円以上から
お願いいたします

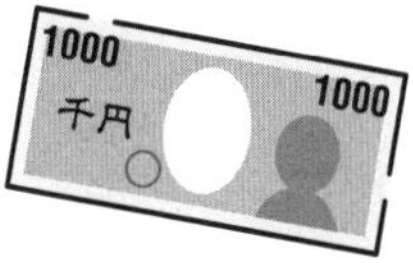

2

1万円から
お願いいたします

3

100円からでも
お願いいたします

4

3000円から
お願いいたします

診断

Test 11

このテストでは、

あなたに「人、モノ、金を集める総合力があるかどうか」がわかります。

総合プロデュース力が判明します。

1 を選んだあなたは

「1000円以上から」という文言は、反発を受けやすい文言です。人に募金をお願いする文言としては不適切でしょう。「以上から」という限定は、横柄に感じます。あなたの募金活動は失敗するでしょう。総合的なプロデュース力はありません。

2を選んだあなたは

「1万円から」とは、募金の目標金額が高額なため、最低ラインを「一万円」と設定したようですが、世間一般の常識からは逸脱ぎみ。最低募金金額一万円は、多くの人に傲慢無礼とうつるかもしれません。あなたは根っからの研究オタク、学者なので、世間の感覚からかなりずれています。

3を選んだあなたは

「1円から」「10円から」は、最小単位過ぎて、怪しく感じる。しかし「100円からでも」なら合格点。有名な心理学の理論「イーブン・ア・ペニー・テクニック」では、1ペニー※という少額だと、人は寄付しやすいという実験結果が出ています。あなたの「人、モノ、金」を集める総合力は満点です。

※1ペニーは約1円

4を選んだあなたは

「3000円から」とはどういう根拠か。人はその点にまず疑問を抱くでしょう。「1000円から」「一万円から」は、切りがいいので不自然さがありません。「3000円から」は、募金を募る側の勝手な事情と、人は感じやすいはず。同情、共感を得にくく、募金活動は失敗する確率が高いでしょう。

Part **4**

あなたの潜在能力がわかる

能力開発編

Test 01

正しい情報、間違っている情報

あなたにはAという友人がいますが、最近、「Aは亡くなった」という噂を聞きました。事実は、病気をしただけで、命に別状はありません。あなたはその真実を知っていますが、4人の友達に確かめてみました。

4人の中で嘘をついていると思うのは、誰？

友人
1

嘘つきの友人1は、「Aは死んでいない」と言う

友人
2

嘘をつかない友人2は、「Aは死んでいない」と言う

友人
3

嘘をつかない友人3は、「Aは亡くなっている」と言う

友人
4

嘘つきの友人4は、「Aは生きていない」と言う

診断 Test 01

このテストでは、

あなたが「フェイクニュースにひっかかりやすいタイプか」がわかります。

このテストは、「自意識のパラドックス」という心理学の理論を応用しています。

噂（情報）の判断は、それが正しいか、間違っているかの判断がまず最初に必要。次にその情報を扱う人間の確度（嘘つきタイプか、そうでないか）が判断基準になります。答えは、友人3と4が嘘をついています。

1 を選んだあなたは

友人1は嘘つき。その人が「Aは死んでいない」と言う。つまり「Aは死んでいる」という間違った情報をもとに、嘘をついていることになります。友人1は、結果的には嘘をついていません。

2 を選んだあなたは

嘘をつかない友人2は「Aは死んでいない」と言う。「生きている」という正しい情報を得ているいることになります。友人2は嘘をついていません。

3 を選んだあなたは

嘘をつかない友人3は、「Aは亡くなっている」と言います。友人3は嘘をつかないので、間違った情報を正しい情報だと信じ込んでいるのです。そのため結果的には「間違った情報を人に話して、結果的に嘘をつく」というパラドックスに陥ります。友人3は、嘘をついてしまっています。

4 を選んだあなたは

嘘つきの友人4は「Aは生きてない」と事実と逆のことを言います。友人4は「Aは生きている」という正しい情報を得ていて、嘘をついている。友人4は嘘をついています。

Test 02

サイコロの偶数の目、奇数の目

今、あなたの手元にサイコロがあります。
4回ふると、4回連続で偶数の目（2，4，6）
が出ました。
5回目にふると、やはり偶数の目が出ました。
さて、次にふると、どう出ると予想しますか？

1

再び偶数の目が
出るのではないか

2

今度こそ奇数の目が
出るのではないか

3

偶数の目、奇数の目、
どちらかわからない

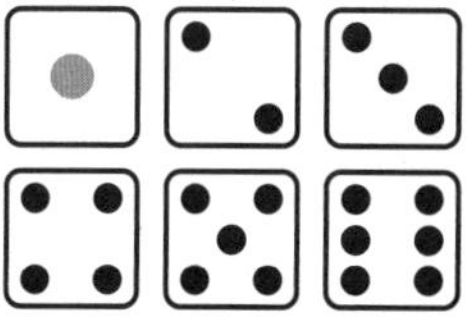

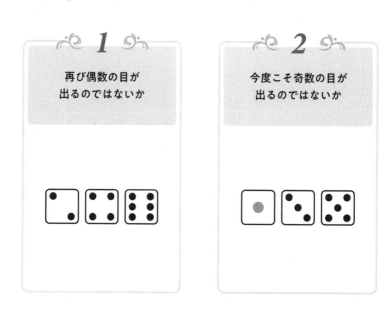

診断
Test 02

このテストでは、

あなたの数学的センスがわかります。また「ギャンブラーとしての適性があるかどうか」も明らかになります。

これは「ギャンブラーの誤謬《ごびゅう》」という心理学の理論を活用したテストです。

1
を選んだあなたは

5回連続で2、4、6の偶数の目が出たのだから、6回目も連続して偶数の目が出るのではないか。そう考えるのは、この問題を「6回連続して偶数の目が出る確率」と勘違いしているからです。6回連続して偶数の目が出る確率は、2分の1を6回かけた64分の1。しかし、ここで問題にしているのは、連続に出る目の確率ではなく、6回目に出る目の確率だけ。64分の1ではなく、2分の1の確率です。あなたはギャンブラーに不向き。

2 を選んだあなたは

1、3、5の奇数の目が出るのではないかと考えるあなたは、「もうそろそろ偶数の目が連続して出る確率は終わるのではないか」という予想をしたからでしょう。5回連続して偶数の目が出たため、確率は32分の1。6回目も偶数の目が出る確率は64分の1です。しかしここで問題になっているのは、「次にふるサイコロの目(6回目)は?」という問いなので、奇数の目も偶数の目も出る確率は2分の1で同じ。これを選んだあなたはギャンブラーに向いていません。

3 を選んだあなたは

このテストの問題が、「連続して偶数の目、奇数の目が出る確率を問う」ものではなく、「次が偶数の目、奇数の目、どちらが出るか問う」ことに気づいたあなたは、数学的センスに秀でているといえるでしょう。ギャンブラーが陥りやすい考えの陥穽《かんせい》にはまっていません。ひっかけに惑わされることなく、冷静に確率の問題として見極めています。ギャンブラーになっても成功できる才能があります。

Test 03

ワクチンはどれを選びますか？

恐ろしい感染症が大流行。
あなたはワクチンを打ちます。
ワクチンは開発されたばかりで、効果は未知数。
4種類ありますが、どれを選びますか？

1

ワクチン1の死亡率
接種後　10%
1年後　18%

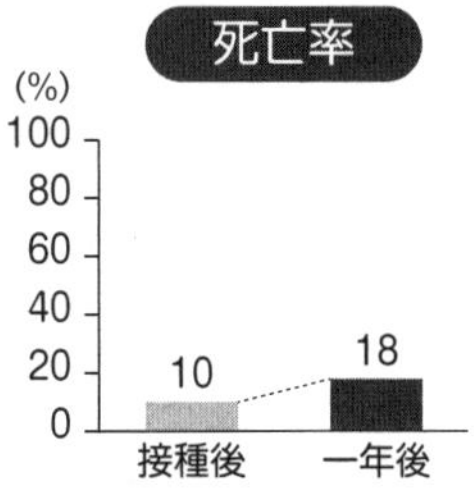

2

ワクチン2の生存率
接種後　85%
1年後　90%

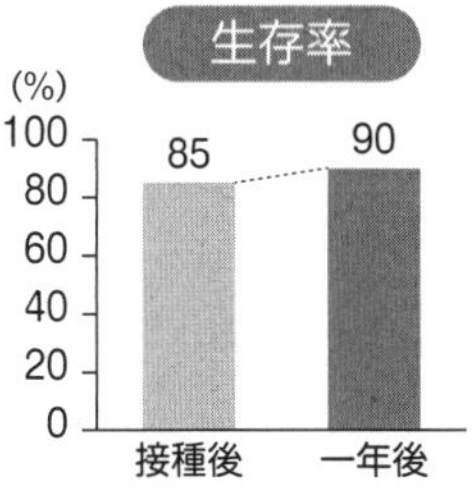

3

ワクチン3の生存率
接種後　90%
1年後　80%

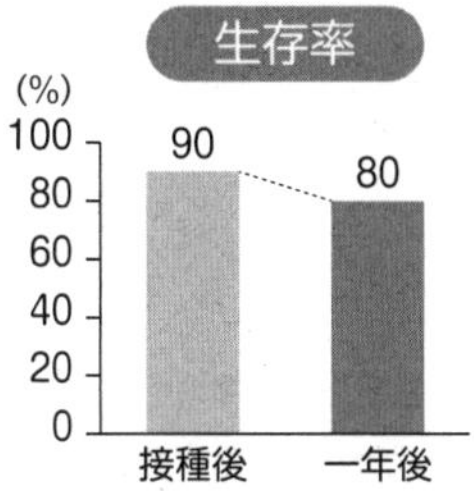

4

ワクチン4の死亡率
接種後　15%
1年後　10%

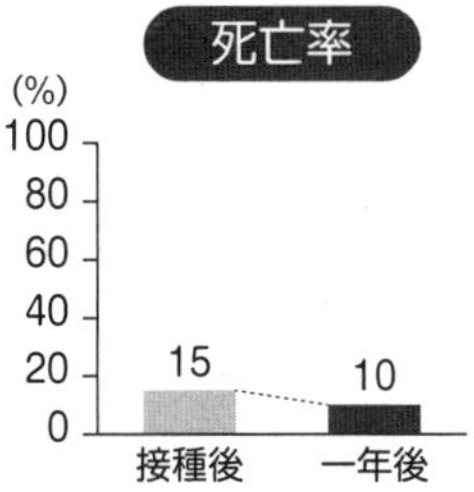

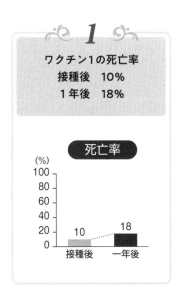

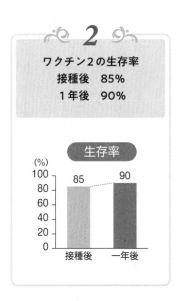

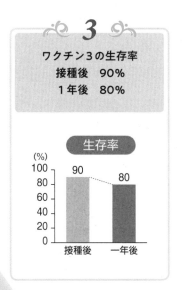

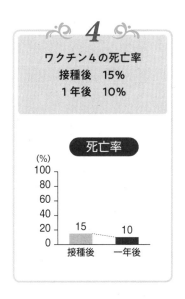

診断
Test 03

このテストでは、

あなたが「金持ちになる素質があるかどうか」がわかります。お金持ちが重視する損失へのリスクを、あなたが兼ね備えているかが判明します。

「フレーミング効果」という心理学の実験を応用したテストです。お金持ちは目先の、直近の「利益」よりも、長い目で見た「損失」に対して、より敏感であることを証明する理論です。

1 を選んだあなたは

あなたは、「接種後の死亡率10％」という数字に反応しました。1年後の死亡率が、選択肢4の10％より高い18％でも、接種後の死亡率の低さを選んだ。あなたは一年間を通した損失よりも、目先の利益に対するリスクを重視するタイプです。お金持ちになれる潜在意識が、発達しているとはいえません。

2
を選んだあなたは

あなたは、接種後の生存率より、1年後の生存率を重視して、このワクチンを選んでいます。接種後の生存率が90％のワクチン3よりも、5％低い85％の2を選んだ理由は、そのため。目前のことより、1年後のスパンで考えたあなたには、「利益」より「損失」に対するリスク意識が強い。お金持ちになれる要素があります。

3
を選んだあなたは

あなたは、接種後の生存率が、ワクチン2より5％高い3を選びました。1年後より目先の、接種後の生存率を重視したあなたは、目先の利益を大事にするタイプ。お金持ちには向いていないようです。

4
を選んだあなたは

接種後の死亡率が5％低いワクチン1よりも、このワクチンを選んだあなたは、1年後の死亡率を重視しました。ワクチン1の1年後の死亡率は18％、4は10％。この意識は、お金持ちが目先の利益よりも、長い目で見た損失を重視する考えに共通したものです。あなたはお金持ちになれる潜在の能力を持ち合わせています。

Test 04

試食を用意する

今日のあなたは、販売員のアルバイト。
スーパーの特設売り場でウインナーとハムを
販売します。
お客さんに集まってもらえるよう、
試食を用意しました。
次のどれにしますか？

1

ウインナーとハム、
合わせて５種類の
試食を用意する

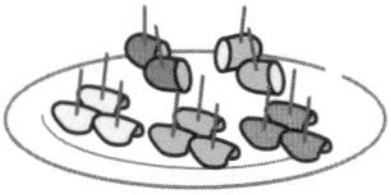

2

２種類のウインナーと、
２種類のハムの
試食を用意する

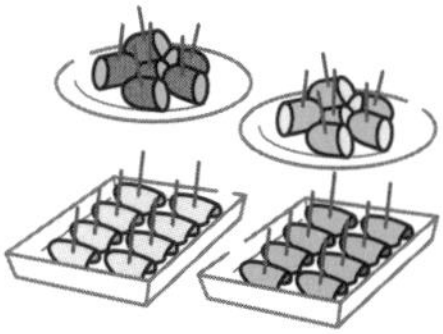

3

３種類のウインナーと、
４種類のハムの
試食を用意する

4

４種類のウインナーと、
４種類のハムの
試食を用意する

診断 Test 04

このテストでは、

「人にモノを売るセンス」があるかないかが、わかります。

心理学では、人は情報量が多いと選択に迷うという「決定麻痺」という心理状態があります。情報が多いほど全体を把握できず、決定力が鈍るという実験結果があるのです。

1 を選んだあなたは

ウインナーとハムを一緒にして、5種類の試食にするのは、ウインナーとハムが、2種類の商品と3種類の商品となり均等ではありません。試食する消費者にとっては二択2種類から選ぶのは簡単ですが、三択3種類からを選ぶのは迷うのです。あなたの選択にはモノを売るセンスが感じられません。

2 を選んだあなたは

ウインナー、ハムとも2種類の試食を用意するあなたは、抜群の販売センスがあります。二択は、最も選びやすいバリエーションです。あなたのモノを売るセンスは合格点。潜在的営業力、販売力があります。

3 を選んだあなたは

ウインナーを3種類という三択は、選ぶほうは二択より迷ってしまいます。またハムの試食を4種類も用意するのは、多過ぎます。消費者はどれを選んでいいか迷って、購買につながるか疑問です。あなたはサービス精神は旺盛ですが、モノを売るセンスはあまりなさそうです。

4 を選んだあなたは

ウインナー、ハムとも4種類の試食は多過ぎます。あなたは試食の種類が多いので、消費者に対するサービス精神は旺盛ですが、モノを売る結果につながるかどうかは疑問。薄利多売の商法があなたに適したビジネスモデルかもしれません。

Test 05

災害が起こった時、あなたは……

未明に突如、地震発生！
あなたの家は無事でしたが、
近くの知人の家は全壊。
どうする？

1

「私にできることがあれば、何でも言ってください」
と声をかける

2

全壊とは運が悪い。
運の悪い人とは、距離を置いて付き合おうと思う

3

非常食の買い置きがあったので、
とりあえず届ける

4

「大変だが、こんなことに負けずに頑張って」
と励ます

診断 Test 05

このテストでは、

「あなたの心の闇」がわかります。そしてその「心の闇」をどうすればいい方向に変ることができるかのヒントがわかります。

1 を選んだあなたは

知人にとってはまさに今が「何かあった」時なのです。その時に「自分にできることがあったら」と言うのは、儀礼的過ぎる言葉。あなたは真剣には知人のことを心配はしていないのではないでしょうか。それがあなたの「心の闇」。うわべだけとりつくろうとしているようです。わずかでも「お見舞金」を包んで渡すと、その闇は少しは薄れます。

2 を選んだあなたは

自分と比較して、相手の運の悪さを警戒する心が、あなたの心の闇。薄情な性格なのです。性格はもう変えられません。ただしその性格を他人に見透かされないようにするのが、今後の課題。自分のことしか考えていないあなたが、この社会で生き残るための方策はそこにあります。

3 を選んだあなたは

非常食を届けるという、行動に出たあなたは、「心の闇」とは縁遠い、情に厚い人です。あなたのとっさの行動を、知人は身にしみて感謝してくれるでしょう。あなたの今後、そして晩年は、情けの厚さと、それを行動にすぐ移せる誠実さで、幸運に恵まれるのではないでしょうか。

4 を選んだあなたは

「頑張って」という励ましは、災害に遭った人には酷な言葉です。頑張りようがないからです。無責任、無神経に言葉だけ「頑張って」と相手に声をかけるあなたは、「心の闇」がかなり深いのでは？　あなたの無神経さは、相手も感じるので、人間関係はうまくいきません。「頑張って」という言葉は使わないよう心がけてください。

Test 06

あなたの「とっさの行動」

仕事の打ち合わせに行くため、
電車で向かっていたあなた。
事故が起こり、停車。
すぐには動かない様子です。
とっさの行動として、どうしますか？

1

他の路線を調べて、なんとか時間に間に合うようにする

2

相手に連絡して状況を伝え、
打ち合わせに間に合うか、無理か相談する

3

動く時間を駅員に聞き、しばらく様子を見る

4

相手に連絡して、
今日の打ち合わせはキャンセルしてほしいと伝える

診断 Test 06

このテストでは、

何かにキレた時、あなたはどうふるまうべきか、「キレる自分をどうすれば制御できるか」がわかります。

仏教では、「キレる」心は、人間の世界より下の、「修羅道」の心だと説きます。修羅道の心は、争い、戦いを好む心。そんな心をどうしたらいいか、対処法がわかります。

1 を選んだあなたは

あなたは電車事故という突然のトラブル発生でも、なんとか打ち合わせに行こうと、他の路線を使って思案しています。あなたは「キレても」、自分がどうすべきか、自覚している人間です。キレやすいタイプではありますが、それを抑え、状況を乗り越える力も人並み以上あるので、安心。

2 を選んだあなたは

あなたは仮に「キレても」、状況を周囲の人間とともに解決していこう、乗り越えて行こうとするタイプ。他力本願なところはありますが、無難なタイプです。四択の中では最も無難な性格で、不測の事態が起きキレても、あなたの場合、ほとんど心配はありません。

3 を選んだあなたは

あなたはまったく「キレる」ということがありません。修羅道とはまったく無縁な人。仏のようなタイプです。生き馬の目を抜くこの時代、社会では、あなたは温厚過ぎて、出世はできそうもありませんが、周囲の人間には癒しを与えます。

4 を選んだあなたは

電車がいつ動き出すか、考えるよりも、とにかく打ち合わせをキャンセルするあなたは、とてもキレやすい性格です。事故の遅れは自分の責任ではありませんが、きちんと相手には謝罪すべきです。相手への謝罪の気持ち、言葉が、キレやすいあなたのマイナスな未来をカバーしてくれます。

Test 07

パンダのぬいぐるみ

ゲームセンターに行ったあなた。
クレーンゲームの中には、大好きなパンダのぬいぐるみがあります。
１００円で２回でき、
財布には１００円玉が５枚。
さてどうする？

1

100円で２回試しにやってみる。
だめそうなら、そこで止める

2

500円で10回できるので、
10回までに1個はとれると考え挑戦する

3

とれるまでやる。
500円使いきったら千円札を両替する

4

店員が近くにいないか確認し、
ゲーム機を傾け、ゆすって、ぬいぐるみの位置を変える

診断 Test 07

このテストでは、

「自分の夢をかなえるための粘り、諦めない心がどれだけあなたにあるか」がわかります。

夢をかなえるための最大の障害は、「途中で止めること」。中途挫折の性格です。ゲームという気軽な場面でも、あなたの本性、野心が明らかになるのです。
しかしこの性格を克服できれば、その先の未来は拓けるはず。

1 を選んだあなたは

あなたは投資、投機的なものに手を出しても失敗しない人です。用心深く、自分がよく知らないことには、様子見をする自制力がある。中途挫折になる可能性はありますが、深みにはまる前には退散できるので、人生で大きな失策はありません。

2 を選んだあなたは

あなたは楽観的な性格。その楽天的な性分が、最期まで諦めない精神の土台にもなっています。四択の中で、あなたは目的を完遂できる可能性を最も秘めています。中途挫折の運は見当たりません。

3 を選んだあなたは

あなたはどツボにはまりやすいタイプ。目標に到達する前に、結局、資金不足などで中途挫折してしまうタイプ。気をつけてください。物事に拘泥《こうでい》する性格なので、500円の中で勝負して、とれなかったら諦める「状況判断」と「確率」を考える力が必要。執着心をコントロールすることが、人生に大敗しない秘訣です。

4 を選んだあなたは

あなたは中途挫折する心配がまったくありません。あなたは自分で考えつく限りの方法、知恵で目標を遂げることができる人です。ただし法には触れないようにしましょう。知識を得てルールに則って行動すれば、さらに願望達成、夢実現に近づくことでしょう。

Test 08

主菜と副菜

今日は、朝食、昼食とも軽かったあなた。夜、街で見かけた大衆食堂で食事をとることにしました。

この店は、料理が皿に盛られ、自由にとって食べるスタイル。副菜はどれも200円以下で、小皿に盛られ量は少ないです。

ご飯とみそ汁を頼んで、おかずは？

1

きんぴら、ひじきなど
身体にいい副菜の小皿を
3皿ぐらいとる

2

カツや焼き魚などの
主菜を1皿とって、
副菜の小皿は1～2皿

3

副菜の小皿を
4皿以上とる

4

主菜を2皿とって、
副菜の小皿を3～4皿とる

診断 Test 08

このテストでは、

あなたが「本当に欲している友だちの数」がわかります。現在の友人関係に関する不満を解決するヒントが隠されています。

主菜は「**親友**」、副菜は「**ふつうの友達**」を暗示します。

1 を選んだあなたは

あなたは親友を欲していません。自分にとって有益な友人知人が数人いればいい。そういう人です。深い付き合いの友人が多いと煩《わずら》わしく感じるタイプなので、友達は厳選してつき合うといいでしょう。友人関係によるストレスを解消するには、その友人と徐々に会わないようにして、自然な形で縁を切ることです。

2 を選んだあなたは

あなたはその他大勢の友人より、一人でもいいから真にわかり合える友、親友を求めています。親友が今いない場合は、友人関係には気をつけること。あなたの心の隙間に入り込んでくる友人は、注意が必要です。あなたは友人関係に影響を受けやすいタイプだからです。孤独が耐えられない人です。

3 を選んだあなたは

あなたは一人でも生きていける、一人で生きて行くことを好む人。親友は望まず、適当な数、身の周りに友人と呼べる人がいればいい、と達観している人です。あなたは孤独に強いので、間違った友人選びはしません。友達によって悪影響を受けることもないでしょう。自立心がある。

4 を選んだあなたは

あなたは寂しいことが嫌い。親友と呼べる人が複数いて、友達が多ければ多いほどいいという寂しがり屋です。そのため友人関係でつまずく恐れもあり。結婚して配偶者がしっかりしていると、あなたは寂しさを感じることなく、友人関係でつまずくこともないでしょう。配偶者との縁が重要。

Test 09

檻の中の動物たち

あなたは動物園にいます。
檻《おり》の中の動物を見て、あなたが最も
同情するのは、どの動物でしょう？

1

ヒョウ

2

キリン

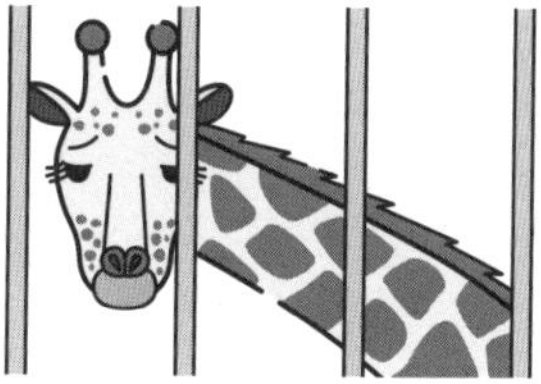

3

ライオン

4

ワニ

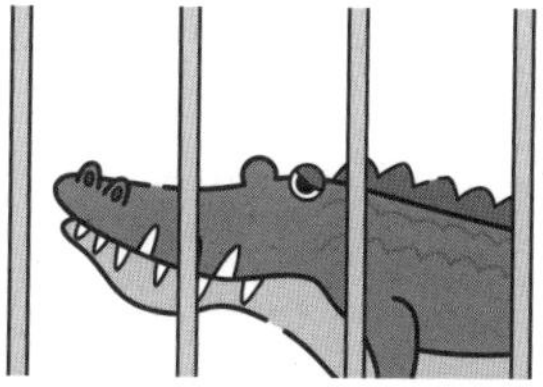

5

シマウマ

診断
Test 09

このテストでは、

あなたが「今直面している壁を超えるヒント」がわかります。どうすれば現状を打開できるか、そのヒントが隠されています。

あなたが選んだ動物には、あなたがまだ世間に認められていない、能力、才能が暗示されています。

1
を選んだあなたは

仕事では抜群のスピードを持ってこなせるあなた。期日、締め切りをきちんと守るあなたが、いまひとつ認められないのは、ケアレスミスがあるから。時間を守りながらイージーミスがないよう、見直す習慣を身につけると、周囲の評価が変わるかも。

2 を選んだあなたは

周囲から変わり者として見られているあなた。人畜無害で、人を押しのけてでも出世するタイプではないあなたは、口数が少な過ぎます。しかし見識は人より高い。もっと積極的に発言し、言葉を足して話すようにすると、周囲が変わります。

3 を選んだあなたは

あなたは能力があるのに、認められていないことが一番の不満。あなたは自分のテリトリーで仕事をこなすクセがあり、そこから外に出ることを無意識に避けています。それが欠点。見直してみましょう。

4 を選んだあなたは

周囲からクールな人間と思われているあなた。もっと情に厚いところ、情熱のあるところをアピールするといいでしょう。冷たいと思う人に、人は大事な話や相談事はしません。そこを直せば道は拓けるはずです。

5 を選んだあなたは

あなたは守備は強いが、攻めが弱いタイプ。積極性、斬新なアイデアに欠けるため、いつも損な役回りを引き受けます。あなたの最大の武器は持久力。持久戦に持ち込めば、誰にも負けないという見通しをつけましょう。持久戦に持ち込むことがあなたの活路につながります。

Test 10

スマホ、携帯についてお聞きします

スマホ、携帯を使っているあなたに質問です。
日頃のあなたは、
次のどれにあてはまりますか？

1

スマホ、携帯は
四六時中、使っている。
必須のアイテム

2

外ではよく使うが、
自宅ではパソコンが
欠かせない

3

スマホ、携帯は
数種類持ち、
使い分けている

4

四六時中は
使わないようにしている。
適度に使う程度

診断
Test 10

このテストでは、

あなたが「家族をより幸せにする重要ポイント」がわかります。あなたが家族、家庭に対して気をつけなければならないポイントがわかります。

スマホ、携帯は、あなたにとって「最も身近な部外者」「四六時中、つき合っている他人」を暗示しています。

1 を選んだあなたは

あなたは夢中になるものがあると、家族を顧みないタイプの人間。家族よりも自分の嗜好、都合を優先する人です。家族は少なくともあなたをそう見ているはず。家族、家庭をもっと大事にする努力が不可欠ではないでしょうか。

2 を選んだあなたは

外と自宅を使い分けているあなたは、家族と赤の他人の区別も厳格。家のパソコンは家族も使えるようにすると、家庭の雰囲気がさらに円満になるはず。自分だけの秘密を持たず、健全な趣味、嗜好だけを楽しむようにすると、家族みんなが幸せのオーラに包まれるでしょう。

3 を選んだあなたは

あなたは家族に対して秘密を持っている人では？ 家族からは秘密主義と思われているはずです。同居してても別居しているのと同じ。家庭を壊す要素があるので、注意が肝要です。自分だけの秘密を一つ一つなくす謙虚さを持つと、家庭ももっと円満になるはず。

4 を選んだあなたは

あなたは自立心があり、自分の問題で家族に迷惑をかけたり、家庭を崩壊させたりすることがない人です。あなたはいざとなれば家族を守り、家庭を死守するタイプの常識人。家族はそんなあなたを理解し、頼もしいと思っているはず。もっと自信を持って家族に接してみましょう。

Test 11

あなたは伝説の桃太郎

あなたは桃から生まれた桃太郎。
これから3匹の鬼を退治に行きますが、
一人では心もとないので、途中、
出会った動物たちを家来にします。
次のどのグループを連れて行きますか？

1

サル　8匹

キジ　6羽

イヌ　7匹

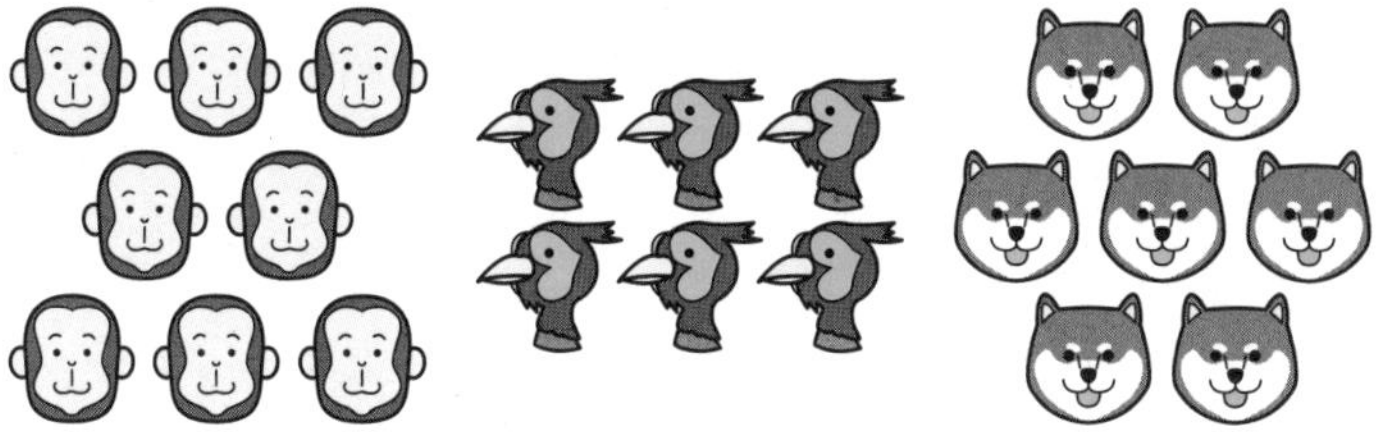

2

サル　3匹

キジ　3羽

イヌ　3匹

3

サル　4匹

キジ　5羽

イヌ　4匹

診断 Test 11

このテストでは、

ビジネス上での戦いで、「勝つためには何が必要か」がわかります。あなたの戦闘能力の長所、短所、盲点がわかります。

どんな集団でも、一生懸命働き、戦うのは全体の2割、3割は機能しない、残り5割はどっちつかずという「パレート法則」があります。サルは地上を走り、木などにも登れるため「地上戦、空中戦の両方」、キジは空を飛ぶのが中心なので「空中戦」、イヌは走るのが中心なので「地上戦」が得意という、それぞれの戦闘能力の象意が隠されています。

1 を選んだあなたは

サル8匹、キジ6羽、イヌ7匹のグループを選んだあなたは、とにかく家来を多く引き連れて行きたいようです。これでは多過ぎ。鬼は3匹です。空中から、地上から、その両方から攻撃する場合、サル、キジ、イヌともそれぞれ最低2匹いれば、左右から攻撃できる。

数多く選んだあなたは、ビジネス上の戦いでは、家来(部下)に頼る傾向があります。主戦はあくまでも桃太郎なのです。ただし数的有利で戦う意思は武将としては合格点です。

2 を選んだあなたは

サル3匹、キジ3羽、イヌ3匹を選んだあなたは、少数先鋭の理想的な布陣を選びました。地上、空中両方から攻撃できるサル、空中から攻撃できるキジ、地上から攻撃するイヌが、それぞれ3匹ずつなので、重なることなく、効果的に鬼を攻撃できるでしょう。あなたは戦国武将の才覚と器の持ち主。どんなビジネスシーンでも、戦いには勝てる性質を兼ね備えています。最小の家来を選んだあなたには、主戦としての自覚があります。

3 を選んだあなたは

サル4匹、キジ5羽、イヌ4匹を選んだあなたは、選択肢1ほど多くなく、2ほど少なくはないグループを選びました。最も中途半端な戦陣といえるでしょう。数的有利、少数先鋭でもない、戦い方の決まっていない布陣を選んでいるので、家来たちもこれでは心もとない。あなたはビジネス上での戦いに苦戦する傾向があります。戦いに勝つにはもっと積極的な思考が不可欠。中途半端な戦列では中途半端な戦いしかできず、中途半端な結果しか得られないでしょう。

Test 12

欲しい資産はどれか？

あなたはあるメディアの海外特派員。
戦争中の街に行って取材中、
偶然、ある人の命を助けました。
その人は大金持ちで、
「次の中から欲しいものを遠慮しないで言ってくれ」
と言われます。
さて、どれを選ぶ？

1

郊外にある
土地つきの一戸建て

2

1の一戸建て相当の金額の
株券

3

1の一戸建て相当額の
現金

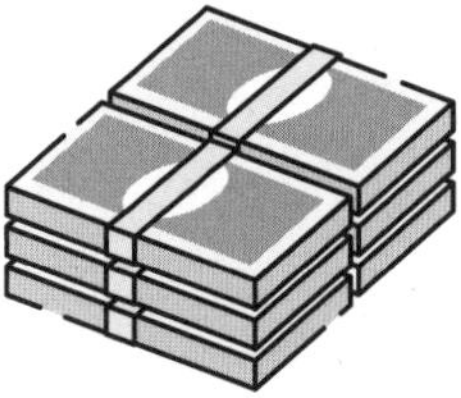

4

1の一戸建て相当の金額の
ダイヤモンド

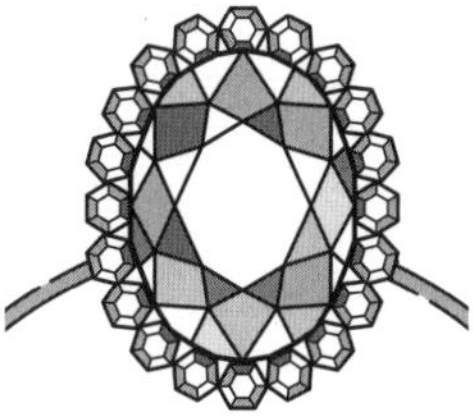

診断 Test 12

このテストでは、

現在の動乱の時代で、「あなたが経済的なリスクマネージメントに秀でているかどうか」がわかります。
戦時下という危急の時に、あなたの経済に対する目利きはどの程度のものかが判明します。

1の土地建物、2の株券、3の現金、4のダイヤモンドは、それぞれに資産価値としての長所があり、短所があります。それを自覚しているか否かで、経済的成功への近道を歩むことができるかどうかが、わかるのです。

1 を選んだあなたは

土地つきの一戸建ては、土地は不動産、建物は動産です。しかしひとたび戦争が起これば、避難して家を離れなければなりません。家も土地も持っては移動できません。あなたのリスクマネージメントは、中程度。しかし経済観念の土台はしっかりしているので、未来に不安はありません。

2 を選んだあなたは

株券は、四択の中で最も不安定要素のある金融資産です。戦争という有事で株価が跳ね上がることもありますが、暴落する可能性もある。その点の見極めができていれば、2を選択しても合格点です。しかし株券は一瞬にして紙くずとなる可能性も秘めているので、お勧めできません。

3 を選んだあなたは

現金を選んだあなたは現金な性格のようですが、お金は金融機関を使えば瞬時に移動させることができるので、戦争という有事の際でも、極めて安全な資産です。しかし為替変動という危機もある。為替で一気に暴落する危機とも背中合わせです。あなたの経済的目利きは、中の上、あるいは上の下程度です。

4 を選んだあなたは

ダイヤモンドを選んだあなたの目利きは四択の中で上クラス。ダイヤモンドは小さく、持ち運びが便利なため、戦時下では急騰します。ロシアのウクライナ侵攻で最も高騰しているのがダイヤモンド。次が金(ゴールド)。あなたの経済的リスクマネージメントは合格点、特派員を辞めて商売を始めるほうが得策です。

〈参考文献〉

「人には言えない…大人の心理テスト」日本文芸社　監修・齊藤勇
「誰かに試したくなる…大人の心理学」日本文芸社　監修・齊藤勇
「本当の自分を映す　魔法の心理テスト」日本文芸社　監修・齊藤勇
「誰にも言えない…大人の心理テスト」日本文芸社　監修・齊藤勇
「人をトリコにする技術」講談社　齊藤勇・著
「見た目でわかる外見心理学」ナツメ社　齊藤勇・著
「人間関係の心理学」誠信書房　齊藤勇・編
「図解　心理学用語大全」誠文堂新光社　監修・齊藤勇　編著・田中正人
「心理学用語事典」池田書店　渋谷昌三・著

監修者紹介

齊藤 勇（さいとう いさむ）

立正大学名誉教授。文学博士。心理学者。専門は、対人社会心理学。日本ビジネス心理学会会長。早稲田大学大学院文学研究科博士課程修了。『知識ゼロでも楽しく読める！ 人間関係の心理学』(西東社)、『思わずためしてみたくなるマンガ心理学１年生』(宝島社)、『誰にも言えない…大人の心理テスト』『誰かに試したくなる…大人の心理学』『ビジュアル心理学図鑑』（日本文芸社）ほか著書・監修書多数。

◆ブックデザイン・イラスト／西崎 文
◆編集協力／株式会社編集社

大人《おとな》の心理《しんり》テスト

2023年5月10日　第1刷発行

監修者　齊藤《さいとう》 勇《いさむ》
発行者　吉田芳史
印刷所　株式会社光邦
製本所　株式会社光邦
発行所　株式会社日本文芸社
〒100－0003 東京都千代田区一ツ橋１－１－１　パレスサイドビル 8F
TEL. 03-5224-6460（代表）
URL　https://www.nihonbungeisha.co.jp/

Printed in Japan 112230426-112230426Ⓝ01 (310091)
ISBN978-4-537-22101-5